白虎通德論

〔漢〕班固　纂集

齊魯書社
·濟南·

圖書在版編目（CIP）數據

白虎通德論 / (漢) 班固纂集. -- 濟南 : 齊魯書社,
2024. 9. -- (《儒典》精粹). -- ISBN 978-7-5333
-4929-5

Ⅰ. B234.991

中國國家版本館CIP數據核字第2024ML9743號

責任編輯　張　超
裝幀設計　亓旭欣

白虎通德論

BAIHU TONG DELUN

〔漢〕班固　纂集

主管單位	山東出版傳媒股份有限公司
出版發行	齊魯書社
社　　址	濟南市市中區舜耕路517號
郵　　編	250003
網　　址	www.qlss.com.cn
電子郵箱	qilupress@126.com
營銷中心	（0531）82098521　82098519　82098517
印　　刷	山東臨沂新華印刷物流集團有限責任公司
開　　本	880mm × 1230mm　1/32
印　　張	10.5
插　　頁	2
版　　次	2024年9月第1版
印　　次	2024年9月第1次印刷
標準書號	ISBN 978-7-5333-4929-5
定　　價	88.00圓

《〈儒典〉精粹》出版説明

《儒典》是對儒家經典的一次精選和萃編，集合了儒學著作的優良版本，展示了儒學發展的歷史脉絡。其中，《義理典》《志傳典》共收録六十九種元典，由齊魯書社出版。鑒於《儒典》采用套書和綫裝的形式，部頭大，價格高，不便於購買和日常使用，我們决定以《〈儒典〉精粹》爲叢書名，推出系列精裝單行本。

叢書約請古典文獻學領域的專家學者精選書目，并爲每種書撰寫解題，介紹作者生平、内容、版本流傳等情况，文簡義豐。叢書共三十三種，主要包括儒學研究的代表性專著和儒學人物的師承傳記兩大類。版本珍稀，不乏宋元善本。對於版心偏大者，適度縮小。爲便於檢索，另編排目録。不足之處，敬請讀者朋友批評指正。

齊魯書社

二〇二四年八月

《〈儒典〉精粹》書目（三十三種三十四册）

孔氏家語　荀子集解　孔叢子
春秋繁露　春秋繁露義證　鹽鐵論
新序　揚子法言　白虎通德論
潛夫論　中説　太極圖説　通書
龜山先生語録　張子語録　傳習録
張子正蒙注　先聖大訓　近思録
四存編　孔氏家儀　帝範
帝學　温公家範　文公家禮
聖門禮樂誌　東家雜記　孔氏祖庭廣記
伊洛淵源録　伊洛淵源續録　國朝漢學師承記
國朝宋學淵源記　孔子編年　孟子年表

解　題

白虎通德論十卷，漢班固纂集，國家圖書館藏元大德五年無錫州學刻本

班固字孟堅，扶風安陵（今陝西咸陽）人，班彪子。嗣續父業，撰成《漢書》。任爲蘭台令史，後遷爲郎。傳見《後漢書》本傳。

建初四年（七九）秋，漢章帝詔太常、將、大夫、博士、議郎、郎官及丁鴻、賈逵等諸儒會白虎觀，講論五經同异。時班固爲玄武門司馬，受命撰集記録此次會議諸儒議經之言，成《白虎通義》。

《後漢書·章帝紀》稱：『使五官中郎將魏應承制問，侍中淳于恭奏，帝親稱制臨决，如孝宣甘露石渠故事，作《白虎議奏》。』《後漢書·儒林傳》稱『著爲《通義》』。《後漢書·班固傳》則云『作《白虎通德論》，令固撰集其事』。遂啓疑端。《隋書·經籍志》載《白虎通》六卷，不著撰者之名。《新唐書·藝文志》載《白虎通義》六卷，始題班固撰。《崇文總目》著録爲十卷。元大德五年無錫州學刻本凡十卷，以爵、號、謚爲首，五祀、社稷、禮樂次之，

封禪、耕桑次之，災變、辟雍、致仕、鄉射、諫諍、誅伐、三軍、五行次之，京師、封公侯、六紀次之，三綱、三教、三正、文質、商賈次之，八風、聖人、蓍龜、王者不臣、考黜次之，巡狩、嫁娶次之，五經次之，五刑、衣裳、四時、日月、天地、姓名、宗族、壽命、情性、紀次之，本。至紼冕、喪服、崩薨止。元大德本中『構』『敦』皆避諱改字，知底本源出南宋光宗時刊本。

李振聚

目録

白虎通

元大德本

白虎通

元大德本

張文祁題

或謂是書中間多有魚魯之嫌如首篇援
尚書言迎子劉一事即尚書顧命考之迎
本作逆劉本作釗其當時傳寫之訛耶借
曰初得舊本如斯今既重刊改而正諸不
亦宜乎殊不思大學以尚書堯典俊德作
峻德孟子以毛詩烝民秉彝作秉夷誰不
知其然千古至今讀誦豈無宗工鉅儒者
出蔑有一人敢爲改正由是觀之白虎通
亦猶是也間有不安盡從其舊蓋纂之者

班固漢時人去古未遠必有所祖假借通用未可盡知後人未得班固之心安可輕議班固之述作儻能知禮記緇衣以君牙爲君雅說命爲兊命之意則能釋魚曾之疑矣昔人有云讀書未到康成處安敢高談議漢儒觀書者試思之

謹按後漢章帝紀曰建初四年十一月壬戌詔諸儒會白虎觀講議五經同異使五官中郎將魏應承制問侍中淳于恭奏帝親稱制臨決如孝宣甘露石渠故事作白虎奏議注云今白虎通又按班固傳曰天子會諸儒講論五經作白虎通德論令固撰集其事此書所作之因也書肆舊嘗鋟木歲久摩滅竟亡此集學者欲見而不可得適者

朝廷崇尚實學敬以家藏監本刊行與衆
共之

白虎通德論目録

漢玄武司馬臣班固奉詔纂集

白虎通德論目録

白虎通德論卷第一

臣班　固　纂集

爵

天子者爵稱也爵所以稱天子者何王者父天母地爲天之子也故援神契曰天覆地載謂之天子上法斗極鉤命決曰天子爵稱也帝王之德有優劣所以俱稱天子者何以其俱命於天而王治五千里内也尚書曰天子作民父母以爲天下王何以知帝亦稱天子

也以法天下也中侯曰天子臣放勛書逸篇曰厥兆天子爵何以言皇亦稱天子也以其言天覆地載俱王天下也故易曰伏羲氏之王天下也爵有五等以法五行也或三等者法三光也或法三光或法五行何質家者據天故法三光文家者據地故法五行含文嘉曰殷爵三等周爵五等各有宜也王制曰王者之制祿爵凡五等謂公侯伯子男此周制也所以名之爲公侯者何公者通公正無私

之意也侯者候也候逆順也春秋傳曰王者
之後稱公其餘人皆千乘象雷震百里所潤
同大國稱侯小國稱伯子男也王制曰公侯
田方百里伯七十里子男五十里伯者百也
子者孳也孳孳無已也男者任也人皆五十
里差次功德小者不滿爲附庸附庸者附大
國以名通也百里兩爵公侯共之七十里一
爵五十里復兩爵何公者加尊二王之後侯
者百里之正爵士上可有次下可有第中央

故無二五十里有兩爵者所以加勉進人也
小國下爵猶有尊卑亦以勸人也殷爵三等
謂公侯伯也所以合子男從伯者何王者受
命改文從質無虛退人之義故上就伯也尚
書曰侯甸任衛作國伯謂殷也春秋傳曰合
伯子男以爲一爵或曰合從子貴中也以春
秋名鄭忽忽者鄭伯也此未踰年之君當稱
子嫌爲改赴故名之也地有三等不變至爵
獨變何地比爵爲質故不變爲質故不變王

者有改道之文無改道之實家所以令公居百里侯居七十里何也封賢極於百里其政也不可空退人示優賢之義欲褒尊而上之何以知殷家侯人不過七十里者也曰士上有三等有百里有七十里有五十里其地半者其數倍制地之理體也多少不相配公卿大夫者何謂也內爵稱也曰公卿大夫何爵者盡也各量其職盡其才也公之爲言公正無私也卿之爲言章善明理也大夫之爲言

大扶進人者也故傳曰進賢達能謂之大夫
也士者事也任事之稱也故傳曰古今辯然
否謂之士禮曰四十强而士不言爵爲士至
五十爵爲大夫何何以知士非爵何以知卿
爲爵也以大夫知卿亦爵也何以知公爲爵
也春秋傳曰諸侯四佾諸公六佾合而言之
以是知公卿爲爵内爵所以三等何亦法三
光也所以不變質文何内者爲本故不改内
也諸侯所以無公爵者下天子也故王制曰

上大夫下大夫上士中士下士凡五等此謂
諸侯臣也大夫但有上下何明卑者多也爵
皆一字也大夫獨兩字何春秋傳曰大夫無
遂事以爲大夫職在之適四方受君之法施
之於民故獨兩字下之或曰大夫爵之下者
也稱大夫明從大夫以上受下施皆大自着
也天子之士獨稱元士何士賤不得體君之
尊故加元以別諸侯之士也禮經曰士見大
夫諸侯之士王制曰王者八十一元士天子

爵連言天子諸侯爵不連言王侯何即言王
侯以王者同稱爲衰弱僭差生篡弑猶不能
爲天子也故連言天子也或曰王者天爵王
者不能生諸侯故不言王侯諸侯人事自着
故不着也王者太子亦稱士何舉從下升以
爲人無生得貴者莫不由士起是以舜時稱
爲天子必先試於士禮士冠經天子之元子
士也婦人無爵何陰卑無外事是以有三從
之義未嫁從父既嫁從夫夫死從子故夫尊

於朝妻榮於室隨夫之行故禮郊特牲曰婦
人無爵坐以夫之齒禮曰生無爵死無謚春
秋録夫人皆有謚夫人何以知非爵也論語
曰邦君之妻君稱之曰夫人國人稱之曰君
夫人即令是爵君稱之與國人稱之不當異
也庶人稱匹夫者匹偶也與其妻爲偶陰陽
相成之義也一夫一婦成一室明君人者不
當使男女有過時無匹偶也論語曰匹夫匹
婦之爲諒也爵人於朝者示不私人以官與

衆共之義也封諸侯於廟者示不自專也明
法度皆祖之制也舉事必告焉王制曰爵人
於朝與衆共之也詩云王命卿士南仲太祖
禮祭統曰古者明君爵有德必於太祖君降
立於阼階南面向所命北向央由君右執策
命之大夫功成未封而死不得追爵賜之者
以其未當股肱也春秋穀梁傳曰追賜死者
非禮也王制曰葬從死者祭從生者所以追
孝繼養也葬從死者何子無爵父之義也禮

中庸記曰父爲大夫子爲士葬以大夫祭以士子爲大夫父爲士祭以大夫葬以士也父在稱世子何繫於君也父沒稱子某者何屈於尸柩也既葬稱小子者即尊之漸也踰年稱公者緣民之心不可一日無君也緣終始之義一年不可有二君也故踰年即位所以繫民臣之心然後爵者緣孝子之心未忍安吉故春秋魯僖公三十三年十二月乙巳薨于小寢文公元年春王正月公即位四月丁

已葬我君僖公韓詩內傳曰諸侯世子三年
喪畢上受爵命於天子所以名之爲世子何
言欲其世世不絕也何以知天子子亦稱世
子也春秋傳曰公會世子于首止或曰天子
之子稱太子尚書曰太子發升于舟也或曰
諸侯之稱代子則傳曰晉有太子申生鄭有
太子華齊有太子光由是觀之周制太子代
子亦不定也漢制天子稱皇帝其嫡嗣稱皇
太子諸侯王之嫡稱代子後代咸因之世子

三年喪畢必上受爵命於天子何明爵土者天子之有也臣無自爵之義童子當受父爵命使大夫就其國命之明王者不與童子爲禮也以春秋魯成公幼少與諸侯會公不見之經不以魯恥明不與童子爲禮也世子上受爵命衣士服何謙不敢自專也故詩曰韎韐有奭世子始行也天子大斂之後稱王者明士不可一日無君也故尚書曰王麻冕黼裳此斂之後也何以知王從死後加王也以

尚書言迎子劉不言迎王王者旣殯而即繼
體之位何緣民臣之心不可一日無君故先
君不可得見則後君繼體矣尚書曰冊拜興
對乃受銅明爲繼體君也緣始終之義一年
不可有二君也故尚書曰王釋冕喪服吉冕
受銅稱王以接諸侯明已繼體爲君也釋冕
藏銅反喪明未稱王以統事也不曠年無君
故逾年乃即位改元名元年年以紀事君名
其事矣而未發號令也何以言踰年即位謂

改元位春秋傳曰以諸侯踰年即位亦知天子踰年即位也春秋曰元年春王正月公即位改元位也王者改元年即事天地諸侯改元即事社稷王制曰夫喪三年不祭唯祭天地社稷爲越紼而行事春秋傳曰天子三年然後稱王者謂稱王統事發號令也尚書曰高宗諒陰三年是也論語君薨百官總己聽於冢宰三年緣孝子之心則三年不當也故三年除喪 即位統事即位踐祚爲主南面

朝臣下稱王以發號令也故天子諸侯凡三年即位終始之義乃備所以諒陰三年卒孝子之道故論語曰古之人皆然君薨百官總己聽於冢宰三年所以聽於冢宰三年者何以爲冢宰職在制國之用是以由之也故王制曰大冢宰制國用所以名之爲冢宰何冢者大也宰者制也大制事也故王度記曰天子冢宰一人爵禄如天子之大夫或曰冢宰視卿周官所云也

號

帝王者何號也號者功之表也所以表功明德號令臣下者也德合天地者稱帝仁義合者稱王別優劣也禮記謚法曰德象天地稱帝仁義所生稱王帝者天號王者五行之稱也皇者何謂也亦號也皇君也美也大也天之惣美大稱也時質故惣之也號之爲皇者煌煌人莫違也煩一夫擾一士以勞天下不爲皇也不擾疋夫疋婦故爲皇故黄金弃於

山珠玉捐於淵巖居穴處衣皮毛飲泉液吮露英虛無寥廓與天地通靈也號言爲帝者何帝者諦也象可承也王者往也天下所歸往鈎命決曰三皇步五帝趨三王馳五霸騖或稱天子或稱帝王何以爲接上稱天子明以爵事天也接下稱帝王者得號天下至尊言稱以號令臣下也故尚書曰諮四岳曰裕汝衆或有一人王者自謂一人者謙也欲言已材能當一人耳故論語曰百姓有過在予

一人臣謂之一人何亦所以尊王者也以天下之大四海之内所共尊者一人耳故尚書曰不施予一人或稱朕何亦王者之謙也朕我也或稱予者予亦我也不以尊稱自也但自我皆謙或稱君子何道德之稱也君之爲言群也子者丈夫之通稱也故孝經曰君子之教以孝也下言敬天下之爲人父者也何以言知其通稱也以天子至於民故詩云凱弟君子民之父母論語云君子哉若人此謂

弟子弟子者民也三皇者何謂也謂伏羲神農燧人也或曰伏羲神農祝融也禮曰伏羲神農祝融三皇也謂之伏羲者何古之時未有三綱六紀民人但知其母不知其父能覆前而不能覆後卧之詓詓起之吁吁飢即求食飽即弃餘茹毛飲血而衣皮葦於是伏羲仰觀象於天俯察法於地因夫婦正五行始定人道畫八卦以治下治下伏而化之故謂之伏羲也謂之神農何古之人民皆食禽獸

肉至於神農人民衆多禽獸不足於是神農
因天之時分地之利制耒耜教民農作神而
化之使民宜之故謂之神農也謂之燧人何
鑽木燧取火教民熟食養人利性避臭去毒
謂之燧人也謂之祝融何祝者屬也融者續
也言能屬續三皇之道而行之故謂祝融也
五帝者何謂也禮曰黃帝顓頊帝嚳帝堯帝
舜五帝也易曰黃帝堯舜氏作書曰帝堯帝
舜黃帝中和之色自然之姓萬世不易黃帝

始作制度得其中和萬世常存故稱黄帝也謂之顓頊何顓者專也頊者正也能專正天人之道故謂之顓頊也謂之帝嚳者何也嚳者極也言其能施行窮極道德也謂之堯者何堯猶嶢嶢也至高之貌清妙高遠優遊博衍衆聖之主百王之長也謂之舜者何舜猶僢僢也言能推信堯道而行之三王者何謂也夏殷周也故禮士冠經曰周弁殷冔夏收三王共皮弁也所以有夏殷周號何以為王

者受命必立天下之美號以表功自克明易
姓爲子孫制也夏殷周者有天下之大號也
百王同天下無以相別改制天下之大禮號
以自別於前所以表着已之功業也必改號
者所以明天命已著欲顯揚已於天下也已
復襲先王之號與繼體守文之君無以異也
不顯不明非天意也故受命王者必擇天下
美號表著已之功業明當致施是也所以預
自表克於前也帝王者居天下之尊號也所

以差優號令臣下謚者行之跡也所以別於後代著善惡垂無窮無自推觀施後世皆以勸善著戒惡明不勉也不以姓爲號何姓者一字之稱也尊卑所同也諸侯各稱一國之號而有百姓矣天子至尊即備有天下之號而兼萬國矣夏者大也明當守持大道殷者中也明當爲中和之道也聞也見也謂當道着見中和之爲也周者至也密也道德周密無所不至也何以知即政立號也詩云命此

文王于周于京此改號爲周易邑爲京也春
秋傳曰王者受命而王必擇天下之美號以
自號也五帝無有天下之號何五帝德大能
禪以民爲子成于天下無爲立號也或曰唐
虞者號也唐蕩蕩也蕩蕩者道德至大之貌
也虞者樂也言天下有道人皆樂也故論語
曰唐虞之際帝嚳有天下號高辛顓頊有天
下號曰高陽黃帝有天號曰自然者獨宏大
道德也高陽者陽猶明也道德高明也高辛

白虎通一　十三

三五

者道德大信也五霸者何謂也昆吾氏大彭氏豕韋氏齊桓公晉文公也昔三王之道衰而五霸存其政率諸侯朝天子正天下之化興復中國攘除夷狄故謂之霸也昔昆吾氏霸於夏者也大彭氏豕韋氏霸於殷者也齊桓晉文霸於周者也或曰五霸謂齊桓公晉文公秦穆公楚莊王吳王闔閭也霸者伯也行方伯之職會諸侯朝天子不失人臣之義故聖人與之非明王之張法霸猶迫也把也

迫脅諸侯把持其政論語曰管仲相桓公霸
諸侯春秋曰公朝于王所於是時晉文之霸
尚書曰邦之榮懷亦尚一人之慶知秦穆之
霸也楚勝鄭而不告從而攻之又令還師而
佚晉寇圍宋宋因而與之平引師而去知楚
莊之霸也蔡侯無罪而拘於楚吳有憂中國
心興師伐楚諸侯莫敢不至知吳之霸也或
曰五霸謂齊桓公晉文公秦穆公宋襄公楚
莊王也宋襄伐齊亂齊桓公不擒二毛不鼓

不成烈春秋傳曰雖文王之戰不是過知其
覇也伯子男臣子於其國中褒其君爲公王
者臣子獨不得襃其君謂之爲帝何以爲諸
侯有會聚之事相朝聘之道或稱公而尊或
稱伯子男而卑爲交接之時不私其臣子之
義心俱欲尊其君父故皆令臣子得稱其君
爲公也帝王異時無會同之義故無爲同也
何以諸侯德公齊侯桓公尚書曰公曰嗟秦
伯也詩云覃公惟私覃子也春秋曰葬昔繆

公許男也禮大射經曰則擇獲大射者諸侯之禮也伯子男皆在也

謚

謚者何也謚之爲言引也引烈行之跡也所以進勸成德使上務節也故禮特牲曰古者生無爵死無謚此言生有爵死當有謚也死乃謚之何言人行終始不能若一故據其終始後可知也士冠經曰死而謚之今也所以臨葬而謚之何因衆會欲顯揚之也故春秋

曰公之喪自乾侯昭公死於晉乾侯之地數月歸至急當未有諡也春秋曰丁巳葬戊午日下側乃克葬明祖載而有諡也黃帝先黃後帝何古者順死生之稱各持行合而言之美者在上黃帝始制法度得道之中萬世不易名黃自然也後世雖聖莫能與同也後世得與天同亦得稱帝不能立制作之時故不得復黃也諡或一言或兩言何文者以一言爲諡質者以兩言爲諡故尚書曰高宗殷宗

也湯死後世稱成湯以兩言爲謚也號無質
文謚有質文何號者始也爲本故不可變也
周已後用意尤文以爲本生時號令善故有
善謚故舍文武王也合言之則上其謚明別
善惡所以勸人爲善戒人爲惡也帝者天號
也以爲堯猶謚顧上世質直死後以其名爲
號耳所以謚之爲堯何爲謚有七十二品禮
記謚法曰翼善傳聖謚曰堯仁聖盛明謚曰
舜慈惠愛民謚曰文彊理直謚曰武天子崩

臣下至南郊謚之者何以爲人臣之義莫不
欲褒大其君掩惡揚善者也故之南郊明不
得欺天也故曾子問孔子曰天子崩臣下之
南郊告謚之諸侯薨世子赴告天子天子遣
大夫會其葬而謚之何幼不誄長賤不誄貴
諸侯相誄非禮也臣當受謚於君也卿大夫
老歸死有謚何謚者别尊卑彰有德也卿大
夫歸無過猶有禄位故有謚也夫人無謚者
何無爵故無謚或曰夫人有謚夫人一國之

母修閨門之内群下亦化之故設諡以彰其
善惡春秋傳曰葬宋恭姬傳曰其稱諡何賢
也傳曰哀姜者何莊公夫人也卿大夫妻無
諡何賤也八妾所以無諡何卑賤無所能務
猶士卑小不得有諡也太子夫人無諡何本
婦人隨夫太子無諡其夫人不得有諡也天
子太子元士也士無諡知太子亦無諡也附
庸所以無諡何卑小無爵也王制曰爵祿凡
五等附庸本非爵也後夫人於何所諡之以

爲於乾廷朝廷本所以，政之處臣子共審
謚白之於君然後加之婦人大夫故但白君
而已何以知不之南郊也婦人本無外事何
爲於郊也禮曾子問曰唯天子稱天以誅之
唯者獨也明天子獨於南郊耳顯號謚何法
法曰未出而明已入有餘光也

白虎通德論卷第一

白虎通德論卷第二

臣班固纂集

五祀

五祀者何謂也謂門户井竈中霤也所以祭何人之所處出入所飲食故爲神而祭之何以知五祀謂門户井竈中霤也月令曰其祀户又曰其祀竈其祀中霤其祀門其祀井獨大夫已上得祭之何士者位甲禄薄但祭其先祖耳禮曰天子祭天地諸侯祭山川卿大

夫祭五祀士祭其祖曲禮曰天地四時山川五祀歲遍諸侯方祀山川五祀歲遍卿大夫祭五祀士祭其先非所當祭而祭之名曰淫祀淫祀無福祭五祀所以歲一徧何順五行也故春即祭戶戶者人所出入亦春萬物始觸戶而出也夏祭竈者火之主人所以自養也夏亦火王長養萬物秋祭門門以閉藏自固也秋亦萬物成熟內備自守也冬祭井井者水之生藏任地中冬亦水王萬物伏藏六

月祭中霤中霤者象土在中央也六月亦土王也故月令春言其祀户祭先脾夏言其祀竈祭先肺秋言其祀門祭先肝冬言其祀井祭先腎中央言其祀中霤祭先心春祀户祭所以時先脾者何脾者土也春木王煞土故以所勝祭之也是冬腎六月心非所勝也以祭何以爲土位在中央至尊故祭以心心者藏之尊者水最卑不得食其所勝祭五祀天子諸侯以牛卿大夫以羊因四時牲也一說

户以羊竈以雉中霤以豚門以犬井以豕或
曰中霤用牛餘不得用豚井以魚

社稷

王者所以有社稷何爲天下求福報功人非
土不立非穀不食土地廣博不可徧敬也五
穀衆多不可一一而祭也故封土立社示有
土尊稷五穀之長故封稷而祭之也尚書曰
乃社于新邑孝經曰保其社稷而和其民人
蓋諸侯之孝也稷者得陰陽中和之氣而用

尤多故爲長也歲再祭何春求穀之義也故
月令仲春之月擇元日命人社援神契曰仲
春獲禾報社祭稷以三牲何重功故也尚書
曰乃社于新邑羊一牛一豕一王制曰天子
社稷皆大牢諸侯社稷皆少牢宗廟俱大牢
社稷獨少牢何宗廟大牢所以廣孝道也社
稷爲報功諸侯一國所報者少故也王者諸
侯俱兩社何俱有土之君禮記三正曰王者
二社爲天下立禮曰太社自爲立社曰王社

諸侯爲百姓立社曰國社自爲立社曰侯社
太社爲天下報功王社爲京師報功太社尊
於王社土地久故而報之王者諸侯必有誡
社何示有存亡也明爲善者得之惡者失之
故春秋公羊傳曰亡國之社奄其上柴其下
郊特牲曰喪國之社屋之自言與天地絕也
在門東明自下之無事處也或曰皆當着明
誡當近君置宗廟之墻南禮曰亡國之社稷
必以爲宗廟之屏示賤之也社稷在中門之

外外門之内何尊而親之與先祖同也不置
中門内何敬之示不褻瀆也論語曰譬諸宫
墻不得其門而入不見宗廟之美百官之富
祭義曰右社稷左宗廟大夫有民其有社稷
者亦爲報功也禮祭法曰大夫成群立社曰
置在月令曰擇元日命人社論語曰季路使
子羔爲費宰曰有民人焉有社稷焉不謂之
土何封土爲社故變名謂之社别於衆土也
爲社立祀治謂之稷語亦自變有内外或曰

至稷不以稷爲社故不變其名事自可知也
不正月祭稷何禮不常存養人爲用故立其
神社無屋何達天地氣故郊特牲曰太社稷
必受霜露風雨以達天地之氣社稷所以有
樹何尊而識之使民人望見師敬之又所以
表功也故周官曰司社而樹之各以土地所
生尚書亡篇曰太社唯松東社唯栢南社唯
梓西社唯栗北社唯槐王者自親祭社稷何
社者土地之神也土生萬物天下之所主也

尊重之故自祭也其壇大何如春秋文義曰
天子之社稷廣五丈諸侯半之其色如何春
秋傳曰天子有太社焉東方青色南方赤色
西方白色北方黑色上冒以黄土故將封東
方諸侯青土苴以白茅謹敬潔清也祭社有
樂樂記曰樂之施於金石絲竹越於聲音用
之於宗廟社稷曾子問曰諸侯之祭社稷俎
豆既陳聞天子崩如之何孔子曰廢臣子哀
痛之不敢終於禮也

禮樂

王者所以盛禮樂何節文之喜怒樂以象天禮以法地人無不含天地之氣有五常之性者故樂所以蕩滌反其邪惡也禮所防淫佚節其侈靡也故孝經曰安上治民莫善於禮移風易俗莫善於樂子曰樂在宗廟之中君臣上下同聽之則莫不和敬族長鄉里之中長幼同聽之則莫不和順在閨門之内父子兄弟同聽之則莫不和親故樂者所以崇和

順比物飾節節奏合以成文所以合和父子
君臣附親萬民也是先王立樂之意也故聽
其雅頌之聲志意得廣焉執干戚習俯仰屈
信容貌得齊焉其綴兆要其節奏行列得正
焉進退得齊焉故樂者天地之命中和之紀
人情之所不能免焉也夫樂者先王之所以
飾喜也軍旅鈇鉞所以飾怒也故先王之喜
怒皆得其齊焉喜則天下和之怒則暴亂者
畏之先王之道禮樂可謂盛矣聞角聲莫不

惻隱而慈者聞徵聲莫不喜養好施者聞商
聲莫不剛斷而立事者聞羽聲莫不深思而
遠慮者聞宮聲莫不溫潤而寬和者也禮所
揖讓何所以尊人自損也不爭論語曰揖讓
而外下而歉其爭也君子故君使臣以禮臣
事君以忠謙謙君子利涉大川以貴下賤大
得民也屈己敬人君子之心故孔子曰為禮
不敬吾何以觀之哉夫禮者公陽之際也百
事之會也所以尊天地儐鬼神序上下正人

道也樂所以必歌者何夫歌者口言之也中心喜樂口欲歌之手欲舞之足欲蹈之故尚書曰前歌後舞假于上下禮貴忠何禮者盛不足節有餘使豐年不奢凶年不儉富貧不相懸也樂尚雅雅者古正也所以遠鄭聲也孔子曰鄭聲淫何鄭國土地民人山居谷浴男女錯雜爲鄭聲以相悅懌故邪僻聲皆淫色之聲也太平乃制禮作樂何夫禮樂所以防奢淫天下人民飢寒何樂之乎功成作樂

治定制禮樂言作禮言制何樂者陽也陽倡始故言作禮者陰也陰制度於陽故言制樂象陽禮法陰也王者始起何用正民以爲且用先王之禮樂天下太平乃更制作焉書曰肇修殷殷禮祀新邑此言太平去殷禮春秋傳曰昌何爲不修乎近而修乎遠同已也可因先以太平也必復更制者示不襲也又天下樂之者樂者所以象德表功殊名禮記曰黄帝樂曰咸池顓頊樂曰六莖帝嚳樂曰五

英堯樂曰大章舜樂曰簫韶禹樂曰大夏湯樂曰大護周樂曰大武象周公之樂曰酌合曰大武黄帝曰咸池者言大施天下之道而行之天之所生地之所載咸蒙德施也顓頊曰六莖者言和律曆以調陰陽莖者著萬物也帝嚳曰五英者言能調和五聲以養萬物調其英華也堯曰大章大明天地人之道也舜曰簫韶者舜能繼堯之道也禹曰大夏者言禹能順二聖之道而行之故曰大夏也湯

曰大護者言湯承衰能護民之急也周公曰酌合者言周公輔成王能斟酌文武之道而成之也武王曰象者象太平而作樂示已太平也合曰大武者天下始樂周之征伐行武故詩人歌之王赫斯怒爰整其旅當此之時天下樂文王之怒以定天下故樂其武也周室中制象湯樂何殷紂爲惡日久其惡最甚斮涉刳胎殘賊天下武王起兵前歌後儛尅殷之後民人大喜故中作所以節喜盛天子

八佾諸侯四佾所以別尊卑樂者陽也故以陰數法八風六律四時也八風六律者天氣也助天地成萬物者也亦猶樂所以順氣變化萬民成其性命也故春秋公羊傳曰天子八佾諸公六佾諸侯四佾詩曰大夫士琴瑟御八佾者何謂也佾者列也以八人爲行列八八六十四人也諸公六六爲行諸侯四四爲行諸公謂三公二王後大夫士北面之臣非專事子民者也故但琴瑟而已王者有六

樂者貴公美德也所以作供養傾先王之樂
明有法示亡其本興巳所以自作樂明作巳
也樂所以作四夷之樂何德廣及之也易曰
先王以作樂崇德殷薦之上帝以配祖考詩
云奏鼓簡簡衎我烈祖樂元語曰受命而六
樂樂先王之樂明有法也與其所自作明有
制興四夷之樂明德廣及之也故南夷之樂
曰兜西夷之樂曰禁北夷之樂曰昧東夷之
樂曰離合觀之樂儛於堂四夷之樂陳於右

先王所以得之順命重始也此言以人得之先以文謂持羽毛儛也以武得之持干戚儛也樂元語曰東夷之樂持矛舞助時生也南夷之樂持羽舞助時養也西夷之樂持戟舞助時煞也北夷之樂持干舞助時藏也誰制夷狄之樂以爲先聖王也先王惟行道德和調陰陽覆被夷狄故夷狄安樂來朝中國於是作樂樂之南之爲言任也任養萬物味之爲言昧也昧者萬物老衰禁者萬物禁藏侏

離者萬物微離地而生一說東方持矛南方歌西方戚北方擊金夷狄質不如中國中國文章但隨物名之耳故百王不易戚二者制夷狄樂不制夷狄禮何以爲禮者身當履而行也夷狄之人不能行禮樂者聖人作爲以樂之耳故有夷狄樂也殊爲舞者以爲使中國人何以言之夷狄之人禮不備恐有過誤也作之門外者何夷在外故就之也夷狄無禮義故不在內明堂記曰九夷之國在東門

之外所以知不在門內也明堂記曰禹納蠻
夷之樂於太廟言納明有入也曰四夷之樂
者何謂也以爲四夷外無禮義之國數夷狄
者從東故舉本以爲之惣名也言夷狄者舉
終始也言蠻舉遠也言貉舉惡也則別之東
方爲九夷南方爲八蠻西方爲六戎北方爲
五狄故曾子問曰九夷八蠻六戎五狄百姓
之難至者也何以知夷在東方禮王制曰東
方曰夷被髮文身又曰南方曰蠻雕題交趾

西方曰戎被髮衣皮北方曰狄衣羽毛穴居

東所以九何蓋來者過九之為言究也德褊

究故應德而來亦九也非故為之道自然也

何以名為夷蠻曰聖人本不治外國非為制

名也因其國名而言之耳一說曰名其短而

為之制名也夷者傳狄無禮義東方者少陽

易化故取名也北方大陰鄙郊故少蠻蟲難

化執心違邪戎者強惡也狄者易也辟易無

別也歌者在堂上舞在堂下何歌者象德箕

六六

者象君子上德而下功郊特牲曰歌者在上
論語曰季氏八佾舞於庭書下管鞀鼓笙鏞
以間降神之樂在上何爲鬼神舉故書曰戛
擊鳴球搏拊琴瑟以詠祖考來格何以用鳴
球搏拊者何鬼神淸虛貴淨賤鏗鏘也故尚
書大傳曰搏拊鼓振以秉琴瑟練絲朱絃鳴
者貴玉聲也王者食所以有樂何樂食天下
之太平富積之饒也明天子至尊非功不食
非德不飽故傳曰天子食時舉樂王者所以

曰食者何明有四方之物食四時之功也四方不平四時不順有徹樂之法焉所以明至尊著法戒也王平居中央制御四方平旦食少陽之始也晝食太陽之始也晡食少陰之始也暮食太陰之始也論語曰亞飯干適楚三飯繚適蔡四飯缺適秦諸侯三飯卿大夫再飯尊卑之差也弟子職暮食士偃禮士也食力無數庶人職在耕桑戮力勞役飢即食飽即作故無數禮樂者何謂也禮之爲言履

也可履踐而行樂者君子樂得其道小人樂
得其欲聲者何謂聲鳴也聞其聲即知其所
生音者飲也言其剛柔清濁和而相飲也尚
書曰予欲聞六律五聲八音五聲者何謂也
宮商角徵羽土謂宮金謂商木謂角火謂徵
水謂羽月令曰盛德在木其音角又曰盛德
在火其音徵盛德在金其音商盛德在水其
音羽所以名之爲角者躍也陽氣動躍徵者
止也陽氣上商者張也陰氣開張陽氣始降

也羽者紆也陰氣在上陽氣在下宮者容也含也含容四時者也八音者何謂也樂記曰土曰塤竹曰管皮曰鼓匏曰笙絲曰絃石曰磬金曰鐘木曰柷敔此謂八音也法易八卦也萬物之數也八音萬物之聲也所以用八音何天子承繼萬物當知其數既得其數當知其聲即思其形如此蜎飛蠕動無不樂其音者至德之道也天子樂之故樂用八音樂記曰壎坎音也管艮音也鼓震音也絃離音

也鐘兊音也柷敔乾音也塤在十一月塤之
爲言勳陽氣於黄泉之下勳蒸而萌匏之言
施也在十二月萬物始施而牙笙者太蔟之
氣象萬物之生故曰笙有七正之節焉有六
合之和焉天下樂之故謂之笙鼓震音煩氣
也萬物憤懣震動而生雷以動之温以煖之
風以散之雨以濡之奮至德之聲感和平之
氣也同聲相應同氣相求神明報應天地祐
之其本乃在萬物之始耶故謂鼓也鞀者震

之氣也上應卯星以通王道故謂之鞀也簫者中之氣萬物生於無聲見於無形僇也簫也故謂之簫簫者以祿爲本言承天繼物爲民本人力加地道化然後萬物戮也故謂之簫也瑟者嗇也閑也所以懲忽宮商角則宜君父有節臣子有義然後四時和四時和然後萬物生故謂之瑟也琴者禁也所以禁止淫邪正人心也磬者夷則之氣也象萬物之盛也其氣磬故曰磬有貴賤焉有親疏焉有

長幼焉朝廷之禮貴不讓賤所以有尊卑也
鄉黨之禮長不讓幼所以明有年也宗廟之
禮親不讓疏所以有親也此三者行然後王
道得王道得然後萬物成天下樂用磬也鐘
之爲言動也陰氣用事萬物動成鐘爲氣用
金聲也鎛者時之氣聲也節度之所生也君
臣有節度則萬物昌無節度則萬物亡亡與
昌正相迫故謂之鎛柷敔者終始之聲萬物
之所生也陰陽順而復故曰柷承順天地序

迎萬物天下樂之故樂用柷柷始也敔終也
一說笙柷鼓簫瑟塤鐘磬也如其次笙在北
方柷在東北方鼓在東方琴在南方塤在西
南方鐘在西方磬在北方聲五音八何聲爲
本出於五行音爲末象八風故樂記曰聲成
文謂之音知音而樂之謂之樂也問曰異說
並行則弟子疑焉孔子有言吾聞擇其善者
而從之多見而志之也知之次也文武之道
未墜於地天之將喪斯文也樂亦在其中矣

聖人之道猶有文質所以擄其説述所聞者
亦各傳其所受而已

白虎通德論卷第二

三達圖下 卌

白虎通德論卷第三

臣班　固　纂集

封公侯

王者所以立三公九卿何曰天雖至神必因日月之光地雖至靈必有山川之化聖人雖有萬人之德必須俊賢三公九卿二十七大夫八十一元士以順天成其道司馬主兵司徒主人司空主地王者受命爲天地人之職故八職以置三公各主其一以効其功一公

置三卿故九卿也天道莫不成於三天有三光日月星地有三形高下平人有三尊君父師故一公三卿佐之一卿三大夫佐之一大夫三元士佐之天有三光然後而能遍照各自有三法物成於三有始有中有終明天道而終之也三公九卿二十七大夫八十一元士凡百二十官下應十二子別名記曰司徒典民司空主地司馬順天天者施生所以主兵何兵者為諸除害也所以全其生衛其養

也故兵稱天寇賊猛獸皆爲除害者所主也
論語曰天下有道則禮樂征伐自天子出司
馬主兵言馬者馬陽物乾之所爲行兵用焉
不以傷害爲度故言馬也司徒主人不言徒
人者徒衆也重民司空主土不言土言空者
空尚主之何況於實以微見著王者主三公
九卿二十七大夫足以教道照幽隱必復封
諸侯何重民之至也善惡比而易故知擇賢
而封之使治其民以著其德極其才上以尊

天子備蕃輔下以子養百姓施行其道開賢者之路謙不自專故列土封賢因而象之象賢重民也州伯何謂也伯長也選擇賢良使長一州故謂之伯也王制曰千里之外設方伯五國以爲屬屬有長十國以爲連連有率三十國以爲卒卒有正二百一十國以爲州州有伯唐虞謂之牧何尚質使大夫往來牧諸侯故謂之牧旁立三人凡十二人尚書曰咨十有二牧何知堯時十有二州也以禹貢

言九州也王者所以有二伯者分職而授政欲其亟成也王制曰八伯各以其屬屬於天子之老曰二伯詩云蔽芾甘棠勿翦勿伐邵伯所茇春秋公羊傳曰自陜巳東周公主之自陜巳西邵公主之不分南北何東方被聖人化日少西方被聖人化日久故分東西使聖人主其難者賢者主其易者乃俱到太平也又欲令同有陰陽寒暑之節共法度也所分陜者是國中也若言面八百四十國矣諸

侯有三卿者分三事也五大夫者下天子王制曰大國三卿皆命於天子下大夫五人上士二十七人次國三卿二卿命於天子一卿命於其君小國二卿皆命於其君大夫悉同禮王度記曰子男三卿一卿命於天子諸侯封不過百里象雷震百里所潤雨同也雷者陰中之陽也諸侯象也諸侯比王者爲陰南面賞罰爲陽法雷也七十里五十里差德功也故王制曰九四海之內九州州方千里建

百里之國二十七十里之國六十五十里之國百有二十名山大澤不以封其餘以爲附庸閒田天子所治方千里此平土三千并數邑居山川至五十里名山大澤不以封者與百姓共之不使一國獨專也山木之饒水泉之利千里相通所均有無贍其不足制土三等何因土地有高下中王者即位先封賢者憂人之急也故列土爲疆非爲諸侯張官設府非爲卿大夫皆爲民也易曰利建侯此言

因所利故立之樂記曰武王克殷反商下車
封夏后氏之後於杞殷人之後於宋封王子
比干之墓釋箕子之因天下太平乃封親屬
者示不私也即不私封之何普天之下莫非
王土率土之賓莫非王臣海內之衆已盡得
使之不忍使親屬無短足之居一人使封之
親親之義也以尚書封康叔據平安也王者
始起封諸父昆弟與己共財之義故可與共
土一說諸父不得封諸侯二十國厚有功象

賢以爲民也賢者子孫類多賢又卿不世位
爲其不子愛百姓各加一功以虞樂其身也
受命不封子者父子手足無分離異財之義
至昆弟皮體有分別故封之也以舜封弟象
有比之野也封諸侯以夏何陽氣盛養故封
諸侯盛養賢也封立人君陽德之盛者月令
曰孟夏之月行賞封諸侯慶賜無不欣悅何
以言諸侯繼世以立諸侯象賢也大夫不世
位何股肱之臣任事者也爲其專權擅勢傾

覆國家又曰孫苟中庸不任輔政妨塞賢故
不世世故春秋公羊傳曰譏世世非禮也諸
侯世位大夫不世安法所以諸侯南面之君
體陽而行陽道不絕大夫人臣比面體陰而
行陰道絕以男生內嚳有留家之義女生外
嚳有從夫之義此陽不絕陰有絕之効也國
在立太子者防篡煞壓臣子之亂也春秋之
弒太子罪與弒君同春秋曰弒其君之子奚
齊明與弒君同也君薨適夫人無子有育道

腹必待其産立之何尊適重正也曾子問曰
立適以長不以賢何以言爲賢不肖不可知
也尚書曰惟帝其難之立子以貴不以長防
愛憎也春秋曰適以長不以賢立子以賢不
以長也始封諸侯無子死不得與兄弟何古
者象賢也弟非賢者子孫春秋傳曰善善及
子孫不言及昆弟昆弟尊同無相承養之義
以閔公不繼莊公也昆弟不相繼之義至繼
體諸侯無子得及親屬者以其俱賢者子孫

也重其先祖之功故得及之禮服傳曰大宗不可絕同宗則可以爲後爲人作子何明小宗可以絕大宗不可絕故舍己之父往爲後於大宗所以尊祖重不絕大宗也春秋傳曰爲人後者爲人子者繼世諸侯無子又無弟但有諸父庶兄當誰庶與兄推親之序也王者受命而作興滅國繼絕世何爲先王無道妄煞無辜及嗣子幼弱爲強臣所奪子孫皆無罪囚而絕重其先人之功故復立之論語

曰興滅國繼絶世誅君之子不立者義無所繼也諸侯世位象賢也今親被誅絶也春秋傳曰誅君之子立君見弑其子得立何所以尊君防篡弑春秋繼經曰齊無知殺其君貴妾子公子糾當立也大夫功成未封子得封者善善及子孫也春秋傳曰賢者子孫宜有土地也周公不之魯何爲周公繼武王之業也春秋傳曰周公曷爲不之魯欲天下一于周也詩云王曰叔父建爾無子俾侯于魯周

公身薨天爲之變成王以天子之禮葬之命
魯郊以明至孝天所興也
京師
王者必即土中者何所以均教道平往來使
善易以聞爲惡易以聞明當懼慎損於善惡
尚書曰王來紹上帝自服於土中聖人承天
而制作尚書曰公不敢不敬天之休來相宅
周家始封於何后稷封於邰公劉去邰之邠
詩云即有台家室又曰篤公劉于邠斯觀居

家五遷其意一也皆欲成其道也時寧先皇
者不以諸侯移必先請從然後行京師者何
謂也千里之邑號也京大也師衆也天子所
居故大衆言之明諸侯法日月之徑千里春
秋傳曰京曰天子之居也王制曰天子之田
方千里或曰夏曰夏邑殷曰商邑周曰京師
尚書曰率割夏邑謂桀也在商邑謂殷也王
制曰天子三公之田視公侯卿視伯大夫視
子男士視附庸上農夫食九人其次食八人

其次食七人其次食六人下農夫食五人庶
人在官者以是爲差也諸侯之下士視上農
夫禄足以代其耕也中士倍下士上士倍中
士下大夫倍上士卿四大夫禄君十卿禄次
國之卿三大夫禄君十卿禄小國之卿倍上
大夫禄君十卿禄天子之縣内有百里之國
九七十里之國二十一五十里之國六十三
凡九十三國名山大澤不以封其餘以禄士
以爲閒田諸侯入爲公卿大夫得食兩家菜

不日有能然後居其位德加於人然後食其祿所以尊賢重有德也今以盛德人輔佐兩食之何王制曰天子縣內諸侯祿也外諸侯嗣也天子太子食菜者儲君嗣主也當有土以尊之也太子食百里與諸侯封同故禮曰公士大夫子子也無爵而在大夫上故百里也公卿大夫皆食菜者示與民同有無也

五行

五行者何謂也謂金木水火土也言行者欲

言爲天行氣之義也地之承天猶妻之事夫
臣之事君也謂其位卑卑者親事故自周於
一行尊於天也尚書一曰水二曰火三曰木
四曰金五曰土水位在北方北方者陰氣在
黄泉之下任養萬物水之爲言淮也陰化沾
濡任生木木在東方東方者陰陽氣始動萬
物始生木之爲言觸也陽氣動躍火在南方
南方者陽在上萬物垂枝火之爲言委隨也
言萬物布施火之爲言化也陽氣用事萬物

變化也金在西方西方者陰始起萬物禁止
金之爲言禁也土在中央者主吐含萬物土
之爲言吐也何知東方生樂記曰春生夏長
秋收冬藏土所以不名時地土别名也比於
五行最尊故不自居部職也元命包曰土之
爲位而道在故大不預化人主不任部職五
行之性或上或下何火者陽也尊故上水者
陰也卑故下水者少陽金者少陰有中和之
性故可曲可直從革土者最大苞含物將生

者出者將歸者不嫌清濁爲萬物尚書曰水
曰潤下火曰炎上木曰曲直金曰從革土爰
稼穡五行所以二陽三陰何土尊尊者配天
金木水火陰陽自偶水味所以鹹何是其性
也所以北方鹹者萬物鹹與所以堅之也猶
五味得鹹乃堅也木味所以酸者何東方萬
物之生也酸者以達生也猶五味得酸乃達
也火味所以苦何南方主長養苦者所以長
養也猶五味須苦可以養也金味所以辛何

西方煞傷成物辛所以煞傷之也猶五味得辛乃委煞也土味所以甘何中央者中和也故甘猶五味以甘爲主也尚書曰潤下作鹹炎上作苦曲直作酸從革作辛稼穡作甘北方其臭朽者何北方水萬物所幽藏也又水者受垢濁故臭腐朽也東方者木也萬物新出地中故其臭羶南方者水也盛陽承動故其臭焦西方者金也萬物成熟始復諾故其臭腥中央土也主養故其臭香也月令曰東

方其臭羶南方其臭焦中央其臭香西方其
臭腥北方其臭朽所以名之爲東方者動方
也萬物始動生也南方者任養之方萬物懷
任也西方者遷方也萬物遷落也北方者伏
方也萬物伏藏也少陽見寅寅者演也律中
大簇律之言率所以率氣令生也卯者茂也
律中夾鍾衰於辰辰震也律中姑洗其日甲
乙者萬物孚甲也乙者物蕃屈有節欲出時
爲春春之爲言偆偆動也位在東方其色青

其音角角者氣動耀也其帝太皞皞者大起
萬物擾也其神勾芒芒者物之始生其精青龍
芒之爲言萌也陰中陽故太陽見於巳巳者
物必起律中仲呂壯盛於午午物蕃長律中
蕤賓衰於未未味也律中林鍾其日丙丁者
其物炳明丁者強也時爲夏夏之言大也位
在南方其色赤其音徵徵止也陽度極也其
帝炎帝者太陽也其神祝融祝融者屬續其
精爲鳥離爲鸞故少陰見於申申者身也律

中夷則壯於酉酉者老物收斂律中南吕衰

於戌戌者滅也律中無射無射者無聲也其

日庚辛庚者物更也辛者陰始成時為秋秋

之為言愁亡也其位西方其色白其音商商

者強也其帝少皡少皡者少斂也其神蓐收

者收者縮也其精白虎虎之為言搏討也故

太陰見於亥亥者仰也律中應鍾壯於子於

子者孳也律中黃鍾衰於丑丑者紐也律中

大吕其日壬癸壬者陰始任癸者揆揆度可

揆度也時爲冬〻之爲言終也其位在北方
其音羽〻之爲言舒言萬物始孳其帝顓頊
顓頊者寒縮也其神玄冥〻者入冥也其
精玄武掩起離體泉龜蛟珠蛤土爲中宮其
日戊己戊者茂也己抑屈起其音宮〻者中
也其帝黃帝其神后土月令云十一月律謂
之黃鍾何中和之色鍾者動也言陽氣動於
黃泉之下動養萬物也十二月律之謂之大
呂何大大也呂者拒也言陽氣欲出陰不許

也呂之爲言拒者旅抑拒難之也正月律謂
之太蔟何太亦大也蔟者湊也言萬物始大
湊地而出也二月律謂之夾鍾何夾者孚甲
也言萬物孚甲種類分也三月謂之姑洗何
姑者故也洗者鮮也言萬物皆去故就其新
莫不鮮明也四月謂之仲呂何言陽氣極將
彼故復中難之也五月謂之蕤賓蕤者下也
賓者敬也言陽氣上極陰氣始賓敬之也六
月謂之林鍾何林者衆也萬物成熟種類衆

多七月謂之夷則何夷傷則法也言萬物始
傷被刑法也八月謂之南呂何南者任也言
陽氣尚有任生薺麥也故陰拒之也九月謂
之無射何射者終也言萬物隨陽而終也當
復隨陰起無有終已十月謂之應鍾何鍾動
也言萬物應陽而動下藏也五行所以更王
何以其轉相生故有終始也木生火火生土
土生金金生水水生木是以木王火相土死
金囚水休王所勝老死囚故王者休見王火

相何以知爲臣土所以死者子爲父報仇者也五行之子愼之物歸母木王火相金成其火燋金金生水水滅火報其理火生土土則害水莫能而禦五行所以相害者天地之性衆勝寡故水勝火也精勝堅故火勝金剛勝柔故金勝木專勝散故木勝土實勝虛故土勝水也火陽君之象也水陰臣之義也臣所以勝其君何此謂無道之君也故爲衆陰所害猶紂王也是使水得施行金以盖之土以

應之欲温則温欲寒亦何從得害火乎曰五
行各自有陰陽木生火所以還燒其母何曰
金勝木火欲爲木害金金者堅强難消故毋
以遜體助火燒金此自欲成子之義又陽道
不相離故爲兩盛火死子乃繼之木王所以
七十二日何土王四季各十八日合九十日
爲一時王九十日土所以王四季何木非土
不生火非土不榮金非土不成水無土不高
土扶微助衰歷成其道故五行更王亦須土

也王四季居中央不名時五行何以知同時
起丑訖義相生傳曰五行並起赴各以名別
陽生陰煞火中無生物水中反有生物何生
者以内火陰在内故不生也水火獨一種金
木多品何以爲南北陰陽之極也得其極故
一也東西非其極也故非一也水木可食金
火土不可食何木者陽陽者施生故可食火
者陰在内金者陰畜𡏿故不可食火水所以
殺人何水盛氣也故入而殺人火陰在内故

殺人壯於水也金木微氣故不能自殺人也
火不可入其中者陰在內也入則殺人矣水
土陽在內故可入其中金木微氣也精密不
可得入也水火不可加人功爲用金木加人
功何火著盛陽水者盛陰者也氣盛不變故
不可加人功爲人用金木者不能自成故湏
人加功以爲人用也　五行之性火熱水寒有
溫水無寒火何明臣可以爲君君不可更爲
臣五行常在火乍亡　何水太陰也刑者故常

在金少陰木少陽徵氣無變故亦常在火太陽精徵人君之象象尊常藏猶天子居九重之内臣下衛之也藏於木者依於仁也木自主金須人取之乃成陰甲不能自成也木所以浮金所以沉何子生於母之義肝所以沉肺所以浮何有知者尊其母也一說木畏金金之妻庚受庚之化木者法其本柔可曲直故浮也肝法其化直故沉五行皆同義天子所以内明而外昧人所以外明而内昧何明

天人欲相嚮而治也行有五時有四何四時
爲時五行爲節故木王即謂之春金王即謂
之秋土尊不任職君不居部故時有四也子
不肯禪何法法四時火不興土而興金也父
死子繼何法法木終火王也兄死弟及何法
法夏之承春也善善及子孫何法法春生待
夏復長也惡惡止其身何法法秋煞不待冬
也主幼臣攝政何法法土用事於季孟之閒
也子之復讎何法法土勝水水勝火也子順

父臣順君妻順夫何法法地順天也男不離父母何法法火不離木也女離父母何法法水流去金也娶妻親迎何法法日入陽下陰也君讓臣何法法月三十日名其功也善稱君過稱已何法法陰陽共叙共生陽名生陰名煞臣有功歸於君何法法歸明於日也臣法君何法法金正木也子諫父何法法火揉直木也臣諫君不從則去何法法水潤下達於上也君子遠子近孫何法法木遠火近土

也親屬臣諫不相去何法法水木枝葉不相離也父爲子隱何法法木之藏火也子爲父隱何法法水逃金也君有衆民何法法天有衆星也王者賜先親近後踈遠何法法天雨高者先得之也長幼何法法四時有孟仲季也朋友何法法水合流相承也父母生子養長子何法法水生木長大也子養父母何法法夏養長木此火養母也不以父命廢主命何法法金不畏土而畏火陽舒陰急何法法

日行遲月行疾也有分土無分民何法法四

時各有分而所生者遍也若言東東方天下

皆生也君一娶九女何法法九州象天之施

也不娶同姓何法法五行異類乃相生也子

喪父母何法法木不見水則憔悴也喪三年

何法法三年一閏天道終也父喪子夫喪妻

何法法一歲物有終始天氣亦爲之變也

六十閉房何法法六月陽氣衰也人有五藏

六府何法法五行六合也人目何法法日月

明也日照晝月照夜人目所不更照何法目
亦更用事也王者監二王之後何法法木須
金以正須水以潤也明王先賞後罰何法法
四時先生後煞也

白虎通德論卷第三

白虎通德論卷第四

臣班　固　纂集

三軍

國有三軍何所以戒非常伐無道尊宗廟重社稷安不忘危也何以言有三軍也論語曰子行三軍則誰與詩云周王于邁六師及之三軍者何法法天地人也以爲五人爲伍五伍爲兩四兩爲卒五卒爲旅五旅爲師師二千五百人師爲一軍六師一萬五千人也雪

曰一人必死十人不能當百人必死千人不能當千人必死萬人不能當萬人必死橫行天下雖有萬人猶謙讓自以爲不足故復加五千人因法月數月者群陰之長也十二足以窮盡陰陽備物成功二千人亦足以征伐不義致太平也穀梁傳曰天子有六軍諸侯上國三軍次國二軍下國一軍諸侯所以一軍者何諸侯蕃屏之臣也任兵革之重距一方之難故得有一軍王者征伐所以必皮弁

素幘何伐者凶事素服示有悽愴也伐者質
故衣古服禮曰三王共皮弁素幘服亦皮素
幘又招虞人亦皮弁知伐亦皮王者將出辭
於禰還格祖禰者言子辭面之禮尊親之義
也王制曰王者將出類于上帝宜于社造于
禰尚書曰歸假于藝祖出所以告天至告祖
無二元后廟後告者示不敢留尊者之命也
告天何示不敢自專非出辭反面之道也與
宗廟異義還不復告天者天道質無內外故

不復告也尚書言歸假于祖禰不見告於天知不告也王者受命質家先伐文家先正何質家之天命已也使已也誅無道令誅得爲王故先伐文家言天命已成爲王者乃得誅伐王者耳故先改正朔也又改正朔者文代其質也文者先其文質者先其質故論語曰予小子履敢昭告于皇天上帝此湯伐桀告天用夏家之法也詩云命此文王于周于京此言文王誅伐故改號爲周易邑爲京也明

天著忠臣孝子之義也湯親北面稱臣而事桀不忍相誅也禮曰湯放桀武伐紂時也王法天誅者天子自出者以爲王者乃天之所立而欲謀危社稷故自出重天命也犯王法使方伯誅之尚書曰命予惟恭行天之罰此所以言開自出伐有扈也王制曰賜之弓矢乃得專征伐犯王誅者也大夫將兵出必不御者欲盛其威使士卒一意繫心也故但聞將軍令不聞君命也明進退大夫也春秋傳

曰此受命于君如伐齊則還何大其不伐喪
也大夫以君命出進退在大夫也天子遣將
軍必於廟何示不敢自專也獨於祖廟何制
法度者祖也王制曰受命于祖受成於學此
言於祖廟命遣之也王法年此受兵何重不
絕人嗣也師行不必勝故須其有世嗣年六
十歸兵者何不忍並鬬人父子也王制曰六
十不預服戎又曰八十一子不從政九十家
不從政父母之喪三年不從政齊衰大功三

月不從政廢疾非人不養者一人不從政古者師出不踰時者爲怨思也天道一時生一時養人者天之貴物也踰時則內有怨女外有曠夫詩云昔我往矣楊柳依依今我來思雨雪霏霏春秋曰宋人取長葛傳曰外取邑不書此何以書久也王者有三年之喪夷狄有內侵伐之者重天誅爲宗廟社稷也春秋傳曰天王居于狄泉傳曰此未三年其稱天王何著有天子也

誅伐

誅不避親戚何所以尊君卑臣强幹弱枝明善惡善惡之義也春秋傳曰季子煞其母兄何善示誅不避母兄君臣之義尚書曰肆朕誕以爾東征誅弟也諸侯有三年之喪有罪且不誅何君子恕巳哀孝子之思慕不忍加刑罰春秋曰晉士丐帥師侵齊至穀聞齊侯卒乃旋傳曰大其不伐喪也諸侯之義非天子之命不得動衆起兵誅不義者所以强幹

弱枝尊天子卑諸侯論語曰天下有道則禮
樂征伐自天子出天下無道則禮樂征伐自
諸侯出世無聖賢方伯諸侯有相滅者力能
救者可也論語曰陳恒弑其君孔子沐浴而
朝請討之王者侯之子篡弑其君而立臣下
得誅之者廣討賊之義也春秋傳曰臣弑君
臣不討賊非臣也又曰蔡世子班弑其君楚
子誅之王者受命而興諸侯有臣弑君而立
當誅君身死子不得繼者以其逆無所天也

詩云毋封靡于爾邦惟王其崇之此言追誅大罪也或盜天子土地自立爲諸侯絶之而已父煞其子當誅何以爲天地之性人爲貴人皆天所生也託父母氣而生耳王者以養長而教之故父不得專也春秋傳曰晉侯煞世子申生不出蔡佞人當誅何爲其亂善行傾覆國政韓詩内傳孔子爲魯司寇先誅少正卯謂佞道已行亂國政也佞道未行章明遠之而已論語曰放鄭聲遠佞人子得爲父

報讎者臣子於君父其義一也忠臣孝子所以不能已以恩義不可奪也故曰父之讎不與共天下兄弟之讎不與共國朋友之讎不與同朝族人之讎不共隣故春秋傳曰子不復讎非子檀弓記子夏問曰居兄弟之讎如之何仕不與同國銜君命遇之不鬭父母以義見煞子不復讎者爲往來不止也春秋曰父不受誅子復讎可誅猶責也誅其人責其罪極其過惡春秋曰楚子虎誘蔡侯班煞之

壬申傳曰誅君之子不立討者何謂討猶除
也欲言臣當掃除君之賊春秋曰衛人殺州
吁于濮傳曰其稱人何討賊之辭也伐者何
謂伐擊也欲言代擊之也尚書曰武王伐紂
征者何謂也征猶正也欲言其正也輕重後
辭也誕以爾東征誅祿甫也又曰甲戌我惟
征徐戎戰者何謂尚書大傳曰戰者憚警之
也春秋讖曰戰者延改也弑者試也欲言臣
子殺其君父不敢卒候間同事可稍稍弒之

易曰臣弑其君子弑其父非一朝一夕之故也篡者何謂也篡猶奪也取也欲言庶奪嫡孽奪宗引奪取其位春秋傳曰其人何篡辭也稍稍煞之襲者何謂也行不假塗掩人不備也春秋傳曰其謂之秦何夷狄之也曷爲夷狄之秦伯將襲鄭人國掩人不備行不假塗人銜枚馬繮勒晝伏夜行爲襲也諸侯家國入人家宜告主人所以尊敬防并兼也春秋傳曰桓公假塗于陳而伐楚禮曰使次介

先假途用束帛即如是諸侯賫至者道禮無
往不反非謂所賫者也將入人國先使大夫
執幣假道主人亦遣大夫迎於郊爲賓主設
禮而待之是其相尊敬也防并兼柰何諸侯
之行必有師旅恐掩人不備士卒斂取恒遅
先假途則預備之矣冬至所以休兵不舉事
閉關商旅不行何此日陽氣微弱王者承天
理物故率天下靜不復行役扶助微氣成萬
物也故孝經緯曰夏至陰氣始動冬至陽氣

始萌易曰先王以至日閉關商旅不行夏至
陰始起反大熱何陰氣始起陽氣推而上故
大熱也冬至陽始起陰氣推而上故大寒也

諫諍

臣所以有諫君之義何盡忠納誠也愛之能
無勞乎忠焉能無誨乎孝經曰天子有諍臣
七人雖無道不失其天下諸侯有諍臣五人
雖無道不失其國大夫有諍臣三人雖無道
不失其家士有諍友則身不離於令名父有

諍子則身不陷於不義天子置左輔右弼前凝後承以順左輔主修政剌不法右弼主糺周言失傾前凝主糺度定德經後承主匡正常考變天四弼興道率主行仁夫陽變於七以三成故建三公序四諍列七人雖無道不失天下杖辟賢也諸侯諍不從得去何以屈尊申卑孤惡君也去曰某質性頑鈍言愚不任用請退避賢如是之是待以禮臣待放如不以禮待遂去君待之以禮柰何曰予熟思

夫子言未得其道今子不且留聖王之制無
塞賢之路夫子欲何之則遣大夫送至于郊
必三諫者何以爲得君臣之義必得於郊者
忠厚之至也與君覺悟能用之所以必三年
古者臣下有大喪君子年不呼其門所以復
君恩今已所言不合於禮義君欲罪之可得
也援神契曰三諫待放復二千盡惓惓也所
以言放者臣爲君諱若言有罪放之也所諫
事已行者遂去不留凡待放與君用其言耳

事已行篡各去無爲留也易曰介如石不終日貞吉論語曰三日不朝孔子行臣待於郊者君絕其祿者示不欲去也道不合耳祿參三與之一留與其妻長子使終祭宗廟賜之環則反賜之玦則去明君子重恥也王度記曰反之以玦其不待放者亦與之物明有介主無介民也詩曰逝將去汝適彼樂土或曰天子之臣不得言放天子以天下爲家也親屬諫不待放者骨肉無相去離之義也春秋

傳曰司馬反曰請處乎此臣請歸子反者楚
公子也時不待放士不得諫者士賤不得預
政事故不得諫也謀及之得固盡其忠耳禮
保傳大夫進諫士傳民語妻得諫夫者夫婦
榮恥共之詩云相鼠有體人而無禮人而無
禮胡不遄死此妻諫夫之詩也諫不從不得
去之者本娶妻非爲諫正也故一與齊終身
不改此地無去夫之義也子諫父不去者父
子一體而分無相離之法猶火去木而滅也

論語事父母幾諫下言又敬不違臣之諫君何取法法金正木也子之諫父法火以揉木也臣諫君以義故折正之也子諫父以恩故但揉之也木無毀傷也待放去取法於水火無金則相離也諫者何諫閒也因也更也是非相閒革更其行也人懷五常故有五諫謂諷諫順諫窺諫指諫伯諫諷者智也患禍之萌深睹其事未彰而諷告此智性也順諫者仁也出辭遜順不逆君心仁之性也窺諫者

禮也視君顏色不悅且却悅則復前以禮進
退此禮之性也指諫者信也指質相其事也
此信之性也伯諫者義也惻隱發於中直言
國之害勵志忘生爲君不避喪身義之性也
孔子曰諫有五吾從諷之諫事君進思盡忠
退思補過去而不訕諫而不露故曲禮曰爲
人臣不顯者纖微未見於外如詩所刺也若
過惡已著民蒙毒螫天見災變事白異露作
詩以刺之幸其覺悟也明王所以立諫諍者

皆爲重民而求巳失也禮保傅曰於是立進
善之旍縣誹謗之木建招諫之鼓王法立史
記事者以爲臣下之儀様人之所取法則也
動則當應禮是以必有記過之史徹膳之宰
禮玉藻曰動則左史書之言則右史書之禮
保傅曰王失度則史書之工誦之三公進讀
之宰夫徹其膳是以天子不得爲非故史之
義不書則死宰不徹膳亦死所以謂之史何
明王者使爲之也謂之宰何宰制也使制法

度也窄所以徹膳何陰陽不調五穀不熟故
王者爲不盡味而食之禮曰一穀不升不備
鷄鶩二穀不升不備三牲人臣之義當掩惡
揚美所以記君過何各有所縁也掩惡者謂
廣德宣禮之臣所以爲君隱惡何君至尊故
設輔弼置諫官本不當有遺失故論語曰陳
司敗問昭公知禮乎孔子曰知禮此爲君隱
也君所以不爲臣隱何以爲君之於臣無適
無莫義之與比賞一善而衆臣勸罰一惡而

衆臣懼君爲甲隱爲不可殆也故尚書曰必力賞罰以定厥功諸侯臣對天子亦爲隱乎然本諸侯之臣今來者爲聘問天子無恙非爲告君之惡來也故孝經曰將順其美匡救其惡故上下治能相親也君不爲臣隱父獨爲子隱何以爲父子一體而分榮恥相及故論語曰父爲子隱子爲父隱直在其中矣兄弟相爲隱乎曰然與父子同義故周公誅四國常以祿甫爲主也朋友相爲隱者人本接

朋結友爲欲立身揚名也朋友之道四焉通財不在其中近則正之遠則稱之樂則思之患則死之夫妻相爲隱乎傳曰曾去妻黎蒸不熟問曰婦有七出不蒸亦預乎曰吾聞之也絶交令可友弃妻令可嫁也黎蒸不熟而已何問其故乎此爲隱之也

鄉射

天所以以親射何助陽氣達萬物也春氣微弱恐物有窒塞不能自達者夫射自内發外

貫堅入剛象物之生故以射達之也含文嘉
曰天子射熊諸侯射麋大夫射虎豹士射鹿
豕天子所以射熊何示服猛巧佞也熊爲獸
猛巧者非但當服猛也示當服天下巧佞之
臣也諸侯射麋者示達迷惑人也麋之言迷
也大夫射虎豹者示服猛也士射鹿豕者示
除害也各取德所能服也大夫士兩射者人
臣示爲君親視事身勞苦也或曰臣陰故數
偶也候者以布爲之何用人事之始也本正

則未正矣所以名爲候何明諸侯有不朝者
則射之故禮射祝曰嗟爾不寧候爾不朝于
王所以故天下失業亢而射爾所以不射正
身何君子重同類不忍射之故書鐵而射之
射主何爲乎曰射義非一也夫射者執弓堅
固心平體正然後中也二人爭勝樂以德養
也勝負俱降以崇禮讓可以選士故射選士
大夫勝者發近而制遠也其兵短而害長也
故可以戒難也所以必因射助陽選士者所

以扶助微弱而抑其强和調陰陽戒不虞也何以知爲戒難也詩云四矢反兮以禦亂兮因射習礼樂射於堂上何示從上制下也礼曰賓主執弓請升射於兩楹之間天子射百二十步諸侯九十步大夫七十步士五十步明尊者所服遠也卑者所服近也所以十月行鄉飲酒之禮何所復尊卑長幼之義春夏事急後井次墻至有子使父弟使兄故以事閑暇復長幼之序也王者父事三老兄事五

更者何欲陳孝悌之德以示天下也故雖天
子必有尊也言有父也必有先也言有兄也
天子臨辟雍親袒割牲尊三老父象也竭忠
奉几杖授安車濡輪恭綏執授兄事五更寵
接禮交加客讓敬順貌也禮記祭義曰祀于
明堂所以教諸侯之孝也享三老五更于太
學者所以諸侯悌也不正言父兄言三老五更者
何老者壽考也欲言所令者多也更者更也
所更歷者衆也即如是不但言老言三何欲

言其明於天地人之道而老也五更者欲言其明於五行之道而更事也三老五更幾人乎曰各一人何以知之旣以父事父一而已不宜有三

致仕

臣七十懸車致仕者臣以執事趨走爲職七十陽道極耳目不聰明跂踦之屬是以退去避賢者所以長廉恥也懸車示不用也致仕者致其事於君君不使自去者尊賢者也故

曲禮大夫七十而致仕王制曰七十致政鄉
大夫老有盛德者留賜之几杖不備之以筋
力之禮在家者三分其祿以一與之所以厚
賢也人年七十臥非人不溫適四方乘安車
與婦人俱自稱曰老夫曲禮曰大夫致仕若
不得謝則必賜之几杖王記曰臣致仕於君
者養之以其祿之半几杖所以扶助衰也故
王制曰五十杖於家六十杖於鄉七十杖於
國八十杖於朝臣老歸年九十君欲有問則

就其室以珎從明尊賢也故禮祭義曰八十不仕朝於君問就之大夫老歸死以大夫禮葬車馬衣服如之何曰盡如故也

辟雍

古者所以年十五入太學何以爲八歲毀齒始有識知入學學書計七八十五陰陽備故十五成童志明入太學學經術學之爲言覺也悟所不知也故學以治性慮以變情故玉不琢不成器人不學不知道子夏曰百工居

肆以致其事君子學以致其道故礼曰十年曰幼學論語曰吾十有五而志於學三十而立又生而知之者上也學而知之者次也是以雖有自然之性必立師傅焉論語讖曰五帝立師三王制之傳曰黄帝師力牧帝顓頊師緑圖帝嚳師赤松子帝尭師務成子帝舜師尹壽禹師國先生湯師伊尹文王師吕望武王師尚父周公師虢叔孔子師老聃天子太子諸侯世子皆就師於外尊師重先生之

道也禮曰有來學者無往教者也易曰匪我
求童蒙童蒙求我王制曰小學在公宮南之
左太學在郊又曰天子太子群后之太子公
卿大夫之元士嫡子皆造焉父所以不自教
子何爲世瀆也又授之道當極說陰陽夫婦
變化之事不可父子相教也師弟子之道有
三論語曰朋友自遠方來朋友之道也又曰
回也視予猶父也父子之道以君臣之義教
之君臣之道也天子立辟雍何所以行礼樂

宣德化也辟者璧也象璧圓又以法天於雍
水側象教化流行也辟之爲言積也積天下
之道德也雍之爲言壅也壅天下之殘賊故
謂之辟雍也王制曰天子曰辟雍諸侯曰泮
宮外圓者欲使觀之平均也又欲言外圓内
方明德當圓行當方也不言圓辟何又圓於
辟何以知其圓也以其言辟也何以知有外
也又詩云思樂泮水薄采其芹詩訓曰水圓
如璧諸侯曰泮宮者半於天子宮也明尊卑

有差所化少也半者象璜也獨南面礼儀之
方有水耳其餘壅之言垣宮名之別尊卑也
明不得化四方也不曰泮雍何嫌但半天子
制度也詩云穆穆魯侯克明其德既作泮宮
淮夷攸服鄉曰庠里曰序庠者庠礼義也序
者序長幼也礼五帝記曰帝庠序之學則父
子有親長幼有序善如尔舍明令必次外然
後前民者也未見於仁故立庠序以導之也
教民者皆里中之老而有道德者為右師教

里中之子弟以道藝孝悌行義立五帝之德朝則坐於里之門弟子皆出就農而復罷示如之皆入而復罷其有出入不時早晏不節有過故使語之言心無由生也若既收藏皆入教學立春而就事其有賢才美質如學者足以聞其心頑鈍之民亦足以別於禽獸而知人倫故無不教之民孔子曰以不教民戰是謂弃之明無不教民也天子所以有靈臺者何所以考天人之心察陰陽之會揆星度

之證驗爲万物獲福無方之元詩云經始靈臺天子立明堂者所以通神靈感天地正四時出教化宗有德重有道顯有能褒有行者也明堂上圓下方八窻四闥布政之宮在國之陽上圓法天下方法地八窻象八風四闥法四時九室法九州十二坐法十二月三十六戶三十六兩七十二牖法七十二風

災變

天所以有災變何所以譴告人君覺悟其行

欲令悔過修德深思慮也援神契曰行有玷
缺氣逆于天情感變出以戒人也災異者何
謂也春秋潛潭巴曰災之言傷也隨事而誅
異之言恠先感動之也何以言災有哭也春
秋曰新宮火三日哭傳曰必三日哭何禮也
災三日哭所以然者宗廟先礼所處鬼神無
形體曰今忽得天火得無爲災所中乎故哭
也變者何謂變者非常也耀嘉曰禹將受位
天意火變迅風靡木雷雨晝冥眼乘者何謂

衣服乍大乍小言語非常故尚書大傳曰時則有服乘也孽者何謂也曰介蟲生爲非常尚書大傳曰時則有介蟲之孽時則有龜孽堯遭洪水湯遭大旱示有譴告乎堯遭洪水湯遭大旱命運時然所以或災變或異何各隨其行因其事也霜之爲言亡也陽以散亡雹之爲言合也陰氣專精積合爲雹日食者必殺之何陰侵陽也鼓用牲于社社者衆陰之主以朱絲縈之鳴鼓攻之以陽責陰也故

春秋曰日食鼓用牲于社所以必用牲者社地別神也尊之故不敢虚責也日食大水則鼓於用牲於社大旱則雩祭求雨非苟虚也勑陽責下求陰道也月食救之者陰失明也故角尾交日月食救之者謂夫人擊鏡傳人擊杖庶人之妻楔搔

耕桑

王者所以親耕后親桑何以率天下農蠶也天子親耕以共郊廟之祭后之親桑以供祭

胙祭義曰天子三推三公五推卿大夫士十
推耕於東郊何東方少陽農事始起桑於西
郊西方少陰女功所成故曾子問曰天子耕
東田而三反之周官曰后親桑率外內婦蠶
於北郊禮祭義曰古者天子諸侯必有公桑
蠶室近外水爲之築周棘墻而外閉之者也

白虎通德論卷第四

白虎通德論卷第五

臣班　固　纂集

封禪

王者易姓而起必升封泰山何教告之義也始受命之時改制應天天下太平功成封禪以告太平也所以必於泰山何萬物所交代之處也必於其上何因高告高順其類也故升封者增高也下禪梁甫之山基廣厚也刻石紀號者著己之功跡也以自效放也天以

高爲尊地以厚爲德故增泰山之高以放天
附梁甫之基以報地明天地之所命功成事
遂有益於天地若高者加高厚者加厚矣或
曰封者金泥銀繩或曰石泥金繩封以印璽
故孔子曰升泰山觀易姓之王可得而數者
七十有餘封者廣也言禪者明以成功相傳
也梁甫者太山旁山名正於梁甫何以三皇
禪於繹繹之山明已成功而去有德者居之
繹繹者無窮之意也五帝禪于亭亭亭者制度

審諟德著明也三王禪于梁甫之山者梁信也甫輔也輔天地之道而行之也太平乃封知告于天必也於岱宗何明知易姓也刻石紀號知自紀于百王也燎祭天報之義也望祭山川祀群神也詩云於皇明周陟其高山言周太平封太山也又曰墮山喬嶽允猶翕河言望祭山川百神來歸也天下太平符瑞所以來至者以爲王者承統理調和陰陽陰陽和萬物序休氣充塞故符瑞並臻皆應德

而至德至天則斗極明日月光甘露降德至地則嘉禾生蓂莢起秬鬯出太平感德至文表則景星見五緯順軌德至草木朱草生木連理德至鳥獸則鳳皇翔鸞鳥舞騏驎臻白虎到狐九尾白雉降白鹿見白烏下德至山陵則景雲出芝實茂陵出異丹阜出蓮甫山出器車澤出神鼎德至淵泉則黄龍見醴泉通河出龍圖洛出龜書江出大貝海出明珠德至八方則祥風至佳氣時喜鐘律調音度

施四夷化越裳貢孝道至則以蓮甫者樹名
也其葉大於門扇不搖自扇於飲食清涼助
供養也繼嗣平明則賓連生於房戶賓連者
木名連累相承故在於房戶象繼嗣也日曆
得其分度則蓂以莢生於階間蓂莢樹名也
月一日生一莢十五日畢至十六日去莢故
莢階生似日月也賢不肖位不相踰則平路
生于庭平路者樹名也官位得其人則生失
其人則死狐九尾何狐死首丘不忘本也明

安不忘危也必九尾者也九九妃得其所子孫
繁息也於尾者何明後當盛也景星者大星
也月或不見景星常見可以夜作有益於人
民也甘露者美露也降則物無不盛者也朱
草者赤草也可以染絳別尊卑也醴泉者美
泉也狀若醴酒可以養老嘉禾者大禾也成
王時有三苗異畝而生同爲一穟大幾盈車
長幾充箱民有得而上之者成王訪周公而
問之公曰三苗爲一穟天下當和爲一乎以

是果有越裳氏重九譯而來矣

巡狩

王者所以巡狩者何巡者循也狩牧也爲天下循行守牧民也道德太平恐遠近不同化幽隱有不得所考禮義正法度同律曆計時月皆爲民也尚書曰遂覲東后叶時月正日同律度量衡修五禮尚書大傳曰見諸侯問百年太師陳詩以觀民命風俗命市納賈以觀好惡山川神祇有不舉者爲不敬不敬

者削以地宗廟有不順者爲不孝不孝者黜
以爵變禮易樂爲不從不從君流攺制度衣
服爲畔畔者君討有功者賞之尚書曰明試
以功車服以庸巡狩所以四時出何當承宗
廟故不踰時也以夏之仲月者同律度當得
其中也二月八月晝夜分五月十一月陰陽
終尚書曰二月東巡狩至于岱宗柴五月南
巡狩至于南岳八月西巡狩至于西岳十有
一月朔巡狩至于北岳所以五嵗巡狩何爲

太煩也過五年爲太踈也因天道時有所生歲有所成三歲一閏天道小備五歲再閏天道大備故五歲一巡狩三年小備二伯出述職黜陟一年物有終始歲有所成方伯行國時有所生諸侯行邑傳曰周公入爲三公出爲二伯中分天下出黜陟詩曰周公東征四國是皇言東征述職周公黜陟而天下皆正也又曰蔽芾甘棠勿剪勿伐召伯所茇言邵公述職親說舍於野樹之下也春秋穀梁傳

曰古之君民以時視民之勤巡狩祭天何本巡狩爲祭天告至尚書曰東巡狩至于岱宗柴也王者出必告廟何孝子出辭反面事死如事生尚書歸假于祖禰曾子問曰王者諸侯出稱告祖禰使祝遍告五廟尊親也王者將出告天者示不專也故王制曰類于上帝宜乎社造于禰類祭以祖配不曰接者尊無二禮尊尊之義造于禰獨見禰何辭從卑不復留尊者之命至禰不謙不至祖即祭告天

爲告事也祖爲出辭也義與告于尊者然後
乃辭出王者諸侯出必將主何示有所尊故
曾子曰王者將出必以遷廟主行載于齋車
示有尊也無遷主以幣帛主告于祖禰廟遂
奉以出每舍奠焉蓋貴命也必以遷主者明
廟不可空也王者巡狩諸侯待于境者何諸
侯以守蕃爲職也禮祭義曰天子巡狩諸侯
待于境也王者巡狩必告諸侯祖廟何明尊
無二上也故禮坊記曰君適其臣升自阼階

示不敢有其室也禮曰天子適諸侯必舍其祖廟王者出一公以其屬守一公以其屬從也王者巡狩崩于道歸葬何夫太子當爲喪主天下皆來奔喪京師四方之中也即如是舜葬蒼梧禹葬會稽于時尚質故死則止葬不重煩擾也何以知太平乃巡狩以武王不巡狩至成王乃巡狩岳者何謂也岳之爲言桷桷功德東方爲岱宗者言萬物更相代於東方也南方霍山者霍之爲言護也言萬物

護也太陽用事護養萬物也西方爲華山者華之爲言穫也言萬物成熟可得穫也北方爲恒山恒者常也萬物伏藏於北方有常也中央爲嵩山言其後大之也故尚書大傳曰五岳謂岱山霍山華山恒山嵩山也謂之瀆何瀆者濁也中國垢濁發源東注海其功着大故稱瀆也爾雅云江河淮濟爲四瀆也

考黜

諸侯所以考黜何王者所以勉賢抑惡重民

之至也尚書曰三載考績三考黜陟禮記九
錫車馬衣服樂朱戶納陛虎賁鈇鉞弓矢秬
鬯皆隨其德可行而賜車馬能安民者賜衣
服能使民和樂者賜以樂民衆多者賜以朱
戶能進善者賜以納陛能退惡者賜以虎賁
能誅有罪者賜以鈇鉞能征不義者賜以弓
矢孝道備者賜以秬鬯以先後與施行之次
自不相踰相爲本末然安民然後富貴而後
樂樂而後衆乃多賢賢乃能進善進善乃能

退惡退惡乃能斷刑內能正已外能正人內外行備孝道乃生能安民故賜車馬以著其功德安其身能使人富足衣食倉廩實故賜衣服以彰其體能使民和樂故賜之樂以事其先也禮曰夫賜樂者不得以時王之樂事其宗廟也朱盛色戶所以紀民數也故民衆多賜朱戶也古者人君下賢降階一等而禮之故進賢賜之納陛以優之也旣能進善當能戒惡故賜虎賁虎賁者所以戒不虞而距

惡距惡當斷刑故賜之鈇鉞鈇鉞所以斷大
刑刑罰既中則能征不義故賜弓矢弓矢所
以征不義伐無道也圭瓚秬鬯宗廟之盛禮
故孝道備而賜之秬鬯所以極著孝道孝道
純備故內和外榮玉以象德金以配情芬香
條鬯以通神靈玉飾其本君子之性金飾其
中君子之道君子有黃中通理之道美素德
金者精和之至也玉者德美之至也鬯者芬
香之至也君子有玉瓚秬鬯乎車者以配道

德也其至矣合天下之極美以通其志也其
唯王璜秬鬯平車者謂有赤有青之蓋朱輪
特能居前左右寢米蕪也以其進止有節德
綏民路車乘馬以安其身言成章行成規卷
龍之衣服表顯其德長於教誨內懷至仁則
賜時王樂以化其民尊賢達德動作有禮賜
之納陛以安其體居處修治房內節男女時
配貴賤有別則賜朱戶以明其德列威武有
矜嚴仁堅強賜以虎賁以備非常喜怒有節

誅伐刑賜以鈇鉞使得專殺好惡無私執義
不傾賜以弓矢使得專征孝道之美百行之
本也故賜以玉瓚得專爲賜也故王制曰賜
之弓矢然後專殺又曰賜圭瓚然後爲鬯未
賜者資鬯於天子王度記曰天子鬯諸侯薰
大夫芑蘭士蒹庶人艾車馬衣服樂三等者
賜與其物禮天子賜諸侯民服車路先設路
下四惡之又曰諸公奉選服王制曰天子賜
諸侯樂則以柷將之詩曰君子來朝何錫與

之雖無輿之路車乘馬又何以輿之玄袞及
黼書曰明試以功車服以庸朱户納陛虎賁
者皆輿之制度而鈇鉞弓矢玉鑽皆與之物
各因其宜也秬者黑黍一稃二米鬯者以百
草之香鬱金合而釀之成爲鬯陽達於墻屋
入于淵泉所以灌地降神也玉瓚者器名也
所以灌鬯之器也以圭飾其柄灌鬯貴玉器
也所以三歲一考績何三年有成故於是賞
有功黜不肖尚書曰三載考績三考黜陟何

以知始考輙黜之尚書曰三年一考少黜以
地書所言三考黜者謂爵土異也小國考之
有功增土進爵後考無功削黜後考有功上
而賜之矣五十里不過五賜而進爵土七十
里不過七賜而進爵土能有小大行有進退
也一說盛德始封百里者賜三等得征伐專
殺斷獄七十里伯始封賜二等至虎賁百人
後有功賜弓矢復有功賜秬鬯增爵爲侯益
士百里復有功入爲三公五十里子男始封

賜一等至樂復有功稍賜至虎賁增爵爲伯
復有功稍賜至秬鬯增爵爲侯未賜鈇鉞者
從大國連率方伯而斷獄受命之五致太平
之主美群臣上下之功故盡封之及中興征
伐大功皆封所以著大功盛德之士亦封之
所以尊有德也以德封者必試之必附庸三
年有功因而封五十里元士有功者亦爲附
庸世其位大夫有功成封五十里卿功成封
七十里公功成封百里士有功德遷爲大夫

大夫有功德遷爲卿卿有功德遷爲公故爵
主有德封主有功也諸侯有九賜習其賜者
何子之能否未可知也或曰得之但未得行
其習以專也三年有功則皆得用之矣二考
無功則削其地而賜自并知明本非其身所
得也身得之者得以賜當稍黜之爵所以封
賢也三公功成當封而死得立其子爲附庸
賢者之體能有一也不二矣一削爲七十里
侯再削爲七十里伯三削爲寄公七十里伯

一削爲五十里伯一削爲五十里子三削地
盡五十里子一削爲三十里子再削爲三十
里男三削地盡五十里男一削爲三十里男
再削爲三十里附庸三削爵盡所以至三削
何禮成於三三三而不改雖反無益也尚書
曰三考黜陟先削地後黜爵者何爵者尊號
也地者人所任也今不能治廣土衆民故先
削其土地也故王制曰宗廟有不順者君黜
以爵山川神祇有不舉者君削以地明爵土

不相隨也或曰惡人貪狼重士故先削其所
重者以懼之也諸侯始封爵士相隨者何君
子重德薄刑賞疑從重詩云三曰叔父建爾
元子俾侯于魯君幼稚唯考不黜者何君子
不備責童子也禮八十曰耄九十曰悼悼與
耄雖有罪不加刑焉二王後不貶黜者何尊
賓客重先王也以其當公也罪惡足以絕之
即絕更立其次周公誅祿父立微子妻父母
不削巳昆弟削而不黜何非以賢能得之也

至於老小但令得大夫受其罪而已諸侯喑
聾跛躄惡疾不免黜者何尊人君也春秋曰
甲戌己丑陳侯鮑卒傳曰甲戌之日亡己丑
之死而得有狂易之病甚亡而死由不絶也
世子有惡疾廢者何以其不可承先祖也故
春秋傳曰兄弟何以不立疾也何疾惡疾也

白虎通德論卷第五

白虎通德論卷第六

臣班　固　纂集

王者不臣

王者所以不臣三何也謂三王之後妻之父母夷狄也不臣二王之後者尊先王通天下之三統也詩云有客有客亦白其馬謂微子朝周也尚書曰虞賓在位不臣丹朱也不臣妻父母何妻者與己一體恭承宗廟欲得其歡心上承先祖下繼萬世傳於無窮故不臣

也春秋曰紀季姜歸于京師父母之於子雖
爲王后尊不加於父母加王何王者不臣也
人譏宋三世内娶於國中謂無臣也夷狄者
與中國絶域異俗非中和氣所生非禮義所
能化故不臣也春秋傳曰夷狄相誘君子不
疾尚書大傳曰正朔所不加即君子所不臣
也王者有暫不臣者五謂祭尸受授之師將
師用兵三老五更不臣祭尸者方與尊者配
也不臣受授之師者尊師重道欲使極陳天

人之意也故禮學記曰當其爲師則不臣也當其爲尸則不臣也不臣將師用兵者重士衆爲敵國國不可從外治兵不可從内御欲成其威一其令春秋之義兵不稱使明不可臣也不臣三老五更者欲率天下爲人子弟禮曰父事三老兄事五更王者不純臣諸侯何尊重之以其列土傳子孫世世稱君南面而治允不臣異朝則迎之於著覲則待之於阼階升降自西階爲庭燎設九賓享禮而後

歸是異於衆臣也始封之君不臣諸父弟何
不忍以己一日之功德加於諸父兄弟也故
禮服傳曰封君之子不臣諸父封君之孫盡
臣之禮服傳曰子得爲父臣者不遺善之義
也詩云文武受命召公雖翰召公文王子也
傳曰子不得爲父臣者閨門尚和朝廷尚敬
人不能無過失爲恩傷義也王者臣不得爲
諸侯臣以其尊當與諸侯同春秋傳曰許公
不世待以初或曰王者臣得復爲諸侯臣者

爲衰世主上不明賢者非其罪而去道不施行百姓不得其所復令得爲諸侯臣施行其道易曰不事王侯此據言王之致仕臣也言不事王可知復言侯者明年少復得仕於諸侯也王者臣有不名者五先王老臣不名親與先王戮力共治國同功於天下故尊而不名也尚書曰咨爾伯不言名也不名者貴賢者而已共成先祖功德德加于百姓者也春秋曰單父不言名傳曰大夫之命于天子者

大也盛德之士名尊賢也春秋曰公身叔肸
諸父諸兄不名諸父諸兄者親與己父兄有
敵體之義也詩云王曰叔父春秋傳曰王禮
者何無長之稱也不名盛德之士者不可屈
爵祿也故韓詩内傳曰師臣者帝交友受臣
者王臣臣者爵魯臣者亡不行

蓍龜

天子下至士皆有蓍龜者重事決疑 示不自
專尚書曰女則有大疑謀及鄉士謀及庶人

謀及卜筮定天下之吉凶成天下之亹亹者
莫善於蓍龜禮三正記曰天子龜長一尺二
寸諸侯一尺大夫八寸士六寸龜陰故數偶
也天子蓍長九尺諸侯七尺大夫五尺士三
尺蓍陽故數奇也所以先謀及卿士何先盡
人事念而不能得思而不能知然後問於蓍
龜聖人獨見先睹必問蓍龜何示不自專也
或曰清微無端緒非聖人所及聖人亦疑之
尚書曰女則有疑謂武王也乾草枯骨衆多

非一獨以灼龜何此天地之間壽考之物故問之也龜之爲言久也蓍之爲言耆也久長意也龜曰卜蓍曰筮何卜赴也爆見兆筮也者信也見其卦也尚書卜三龜禮士冠經曰筮于廟門外筮畫卦所以必於廟何託義歸智於先祖至尊故因先祖而問之也卜春秋何方以爲於西方東面蓋蓍之𠫤也卜時西嚮已卜退東向問蓍於東方面以少問老之義皮弁素積求之於質也禮曰皮弁素積筮

于廟門之外或曰天子占卜九人諸侯七人
大夫五人士三人又尚書曰三人占則從二
人之言不見吉凶于蓍復以卜何蓍者陽道
多變變乃成龜以制火灼之何禮雜記曰龜
陰之老也蓍陽之老也龍非水不處龜非火
不兆以陽動陰也必以荆者取其究音也禮
三正記曰灼龜以荆以火動龜不以水動蓍
何以爲嘔則是也蓍龜敗則埋之何重之不
欲人褻尊者也周官曰凡國之大事先筮而

後卜九卜人君視體大夫視色士視墨九人
卜事視高揚火以作龜九取龜用秋時攻龜
用冬時

聖人

聖人者何聖者通也道也聲也道無所不通
明無所不照聞聲知情與天地合德日月合
明四時合序鬼神合吉凶禮別名記曰五人
曰茂十人曰選百人曰俊千人曰英倍英曰
賢萬人曰傑萬傑曰聖聖人未沒時寧知其

聖乎曰知之論語曰太宰問子貢曰夫子聖
者歟孔子曰太宰知我乎聖人亦自知聖乎
曰知之孔子曰文王既没文不在兹乎何以
知帝王聖人也易曰古者伏羲氏之王天下
也於是始作八卦又曰聖人之作易也又曰
伏羲氏没神農氏作神農没黄帝堯舜氏作
文俱言作明皆聖人也論語曰聖乎堯舜其
由病諸何以言禹湯聖人論語曰巍巍乎舜
禹之有天下而不預焉與舜比方巍巍知禹

湯聖人春秋傳曰湯以聖德故放桀何以言文王武王周公皆聖人詩曰文王受命非聖不能受命易曰湯武革命順乎天湯武與文王比方孝經曰則周公其人也下言夫聖人之德又何以加於孝乎何以言皐陶聖人也以自篇曰若稽古皐陶聖人而能爲舜陳道朕言惠可底行又旁施象刑維明又聖人皆有表異傳曰伏羲祿衡連珠唯大目鼻龍伏作易八卦以應樞黃帝顏得天匡陽上法中

宿取象文昌顓頊戴午是謂清明發節移度
蓋象招摇帝嚳駢齒上法月參康度成紀取
理陰陽堯眉八彩是謂通明曆象日月璇璣
玉衡舜重瞳子是謂玄景上應攝提以象三
光禮曰禹耳三漏是謂大通興利除害決河
踈江皐陶鳥彖是謂至誠決獄明白察於人
情湯臂三肘是謂柳翼攘去不義萬民蕃息
文王四乳是謂至仁天下所歸百姓所親武
王望羊是謂攝揚盱目陳兵天下富昌周公

背僂是謂強俊成就周道輔於幼主孔子反宇是謂尼甫立德澤所與藏元通流聖人所以能獨見前覩與神通精者蓋皆天所生也

八風

風者何謂也風之爲言萌也養物成功所以象八卦陽立於五極於九五九四十五日變變以爲風陰合陽以生風距冬至四十五日條風至條者王也四十五日明庶風至明庶者迎衆也四十五日清明風至清明者清芒

也四十五日景風至景大風陽氣長養四十五日涼風至涼寒也行陰氣也四十五日昌盍風至戒收藏也四十五日不周風至不周者不交也陰陽未合化也四十五日廣莫風廣莫者大也同陽氣也故曰條風至地暖明庶風至萬物產清明風至物形乾景風至棘造實涼風至黍禾乾昌盍風至生薺麥不周風至蟄蟲匿廣莫風至則萬物伏是以王者承順之條風至則出輕刑解稽留明庶風至

則修封疆理田疇清明風至出幣帛使諸侯
景風至則爵有德封有功涼風至報地德化
四鄉昌盍風至則申象刑飾囹圄不周風至
則築宮室修城郭廣莫風至則斷大辟行獄
刑

商賈

商賈何謂也商之爲言商其遠近度其有亡
通四方之物故謂之商也賈之爲言固固有
其用物以待民來以求其利者也行曰商止

曰賈易曰先王以至日閉關商旅不行后不省方論語曰沽之哉我待價者也即如是尚書曰肇牽車牛遠服賈用方言遠行可知也方言欽厥父母欲留供養之也

白虎通德論卷第六

白虎通德論卷第七

臣班　固　纂集

文質

王者始立諸侯皆見何當受法稟正教也尚書輯五瑞覲四嶽謂舜始即位見四方諸侯合符信詩云玄王桓撥受小國是達受大國是達言湯王天下大小國諸侯皆來見湯能通達以禮義也周頌曰烈文辟公錫茲祉福言武王伐紂定天下諸侯來會聚於京師受

法度也遠近莫不至受命之君天之所輿四方莫敢違夷狄咸率服故也何謂五瑞謂珪璧琮璜璋也禮曰天子珪尺二寸又曰博三寸剡上寸半厚半寸半珪爲璋方中圓外曰璧半璧曰璜圓中牙身玄外曰琮禮記王度曰王者有象君之德燥不輕溼不重薄不澆廉不傷疵不掩是以人君寶之天子之純玉尺有二寸公侯九寸四玉一石也伯子男俱三玉二石也五玉者各何施盖以爲璜以徵召

璧以聘問璋以發兵珪以信質琮以起土功
之事也珪以爲信者何珪者兑上象物皆生
見於上也信莫著于作見故以珪爲信而見
萬物之始莫不自潔珪之爲言潔也上兑陽
也下方陰也陽尊故其禮順備也在位東方
陽見義於上也璧以聘問何璧者方中圓外
象地地道安寧而出財物故以璧聘問也方
中陰德方也圓外陰繫於陽也陰德盛於内
故見象於内位在中央璧之爲言積也中央

故有天地之象所以據用也內方象地外圓
象天也璜所以徵召何璜者半璧位在北方
北陰極而陽始起故象半陰陽氣始施徵召
萬物故以徵召也不象陰何陽始物微未可
見璜者橫也質尊之命也陽氣橫于黃泉故
曰璜璜之爲言光也陽光所及莫不動也象
君之威命所加莫敢不從陽之所施無不節
也璋以發兵何璋半珪位在南方南方陽極
而陰始起兵亦陰也故以發兵也不象其陰

何陰始起物尚凝未可象也璋之爲言明也
賞罰之道使臣之禮當章明也南方之時萬
物莫不章故謂之璋琮以起土功發聚衆何
琮之爲言聖也象萬物之宗聚聖也功之所
成故以起土功發衆也位西方西方陽收功
於內陰出城於外內圓象陽外直爲陰外牙
而內湊象聚會也故謂之琮后夫人之財也
五玉所施非一不可勝條略舉大者也合符
信者謂天子執瑁以朝諸侯諸侯執圭以覲

天子瑁之爲言冒也上有所覆下有所冒故
覲禮曰侯氏執圭升堂尚書大傳曰天子執
瑁以朝諸侯又曰諸侯執所受圭與璧朝于
天子無過者復得其珪以歸其拜有過者留
其圭能正行者復還其珪三年珪不復少絀
以爵圭所以還何以爲琮信瑞也璧所以留
者以財弊盡輙更造何以言之禮曰圭造尺
八寸有造圭門得造璧也公圭九寸四玉一
石何以知不以玉爲四器石持爲也以尚書

合言五玉也臣見君所以有贄何贄者質也
質已之誠致己之悃愊也王者緣臣子心以
爲之制差其尊卑以副其意公侯以玉爲贄
者玉取其燥不輕濕不重公之德全輕以羔
者取其群不黨卿職在盡忠率下不阿黨也
大夫以鴈爲贄者取其飛成行列大夫職在
以奉命之適四方動作當能自正以事君也
士以雉爲贄者取其不可誘之以食懾之以
威必死不可生畜士行威守節死義不當移

轉也曲禮曰鄉羔大夫以鴈士以雉為贄庶
人之贄定童子委贄而退野外軍中無贄以
纓拾矢可也言必有贄也定謂鶩也卿大夫
贄古以麚鹿今以羔鴈何以為古者贄取其
內謂得羡草鳴相呼今文取其外謂羔跪乳
鴈有行列也禮相見經曰上大夫相見以羔
左顧右贄執麚明古以麚鹿今以羔也卿大
夫贄變君與士贄不變何人君至尊極美之
物以為贄士賤伏節死義一介之道也故不

變私相見亦有贄何所以相尊敬長和睦也朋友之際五常之道有通財之義賑窮救急之意中心好之欲飲食之故財幣者所以副至意也禮士相見經曰上大夫相見以鴈士冬以雉夏以脯也婦人之贄以棗栗腶脩者婦人無專制之義御衆之任交接辭讓之禮職在供養饋食之間其義一也故后夫人以棗栗腶脩者凡内脩陰也又取其朝早起栗戰慄自正也腶脩者脯也故春秋傳曰宗婦

覿用幣非禮也然則棗栗云乎暇脩云乎子見父無贄何至親也見無時故無贄臣之事君以義合也得親供養故質己之誠副己之意故有贄也

三正

王者受命必改朔何明易姓示不相襲也明受之於天不受之於人所以變易民心革其耳目以助化也故喪服大傳曰王始起改正朔易服色殊徽號異器械別衣服也是以舜

禹雖繼太平猶宜改以應天王者改作樂必
得天應而後作何重改制也春秋瑞應傳曰
敬受瑞應而王改正朔易服色易曰湯武革
命順乎天而應乎民也文家先改正質家先
改正質家先伐何改正者文伐者質文者先
其文質者先其質論語曰予小子履敢用玄
牡敢昭告于皇王后帝此湯伐桀告天以夏
之牲也詩云命此文王于周于京此言文王
改號爲周易邑爲京也又曰清酒既載騂牡

既備言文王之牲周騂周尚赤也正朔有三何本天有三統謂三微之月也明王者當奉順而成之故受命各統一正也敬始重本也朔者蘇也革也言萬物革更於是故統焉禮三正記曰正朔三而改文質再而復也三微者何謂也陽氣始施黃泉萬物動微而未著也十一月之時陽氣始養根株黃泉之下萬物皆赤赤者盛陽之氣也故周爲天正色尚赤也十二月之時萬物始牙而白白者陰氣

故殷爲地正色尚白也十二月之時萬物始
達孚由而出皆黑人得加功故夏爲人正色
尚黑尚書大傳曰夏以孟春月爲正殷以季
冬月爲正周以仲冬月爲正夏以十三月爲
正色尚黑以平旦爲朔殷以十二月爲正色
尚白以雞鳴爲朔周以十一月爲正色尚赤
以夜半爲朔不以二月後爲正者萬物不齊
莫適所統故必以三微之月也三正之相承
若順連環也孔子承周之弊行夏之陸知繼

十一月正者當用十三月也天道左旋改正
者右行何也改正者非改天道也但改日月
耳日月右行故改正亦右行也日尊於月不
言正日言正月何也積日成月物隨月而變
故據物爲正也天質地文質者據質文者據
文周反統天正何也質文再而復正朔三而
改三微質文數不相配故正不隨質文也王
者受命而起或有所不改者何也王者有改
道之文無改道之質如君南面臣北面皮弁

素積聲味不可變哀戚不可改百世不易之
道也王者所以存二王之後何也所以尊先
王通天下之三統也明天下非一家之有謹
敬謙讓之至也故封之百里使得服其正色
用其禮樂永事先祖論語曰夏禮吾能言之
杞不足徵也殷禮吾能言之宋不足徵也春
秋傳曰王者存二王之後使服其正色行其
禮樂詩曰厥作裸將常服黼冔言微子服殷
之冠助祭於周也周頌曰有客有客亦白其

馬此微子朝周也二王之後若有聖德受命
而王當因其改之耶天下之所安得受命耶
非其運次者王者必一質一文何以承天地
順陰陽陽之道極則陰道受陰之道極則陽
道受明二陰二陽不能相繼也質法天文法
地而已故天爲質地受而化之養而成之故
爲文尚書大傳曰王者一質一文據天地之
道禮三正記曰質法天文法地也帝王始起
先質後文者順天下之道本末之義先後之

序也事莫不先有質性乃後有文章也

三教

王者設三教何承衰救弊欲民反正道也三正之有失故立三教以相指受夏人之王教以忠其失野救野之失莫如敬殷人之王教以敬其失鬼救鬼之失莫如文周人之王教以文其失薄救薄之失莫如忠繼周尚黑制與夏同三者如順連環周則復始窮則反本樂稽燿嘉曰顏回向三教變虞夏何如曰教

者所以追補敗政靡弊溷濁謂之治也舜之承堯無爲易也或曰三教改易夏后氏始高宗亦承弊所以不改教何明子無改父之道也何言知高宗不改之以周之教承以文也三教所以先忠者行之本也三教一體而分不可單行顧王者行之有先後何以言三教並施不可單行也以忠敬文無可去者也教所以三何法天地人内忠外敬文飾之故三而備也即法天地人各何施忠法人敬法地

文法天人道主忠人以至道教人忠之至也人以忠教故忠爲人教也地道謙卑天之所生地敬養之以敬爲地教也教者何謂也教者効也上爲之下効之民有質朴不教不成故孝經曰先王見教之可以化民論語曰不教民戰是謂弃之尚書曰以教祗德詩云爾之教矣欲民斯効忠形於悃誠故失野敬形於祭祀故失鬼文形於飾皃故失薄夏后氏用明器殷人用祭器周人兼用之何謂曰夏

后氏教以忠故先明器以奪孝子之心也殷人教以敬故先祭器敬之至也周人教以文故兼用之周人意至文也孔子曰之死而致死之不仁而不可爲也之死而致生之不知而不可爲也故有死道焉以奪孝子之心也有生道焉使人勿倍也故竹器不成用木器不成斲瓦器不成沬琴瑟張而不平竽笙備而不和有鍾磬而無簨簴縣示備物而不可用也孔子曰爲明器者善爲俑者不仁塗車

蓋靈旨古有之言今古皆然也

三綱六紀

三綱者何謂也謂君臣父子夫婦也六紀者謂諸父兄弟族人諸舅師長朋友也故君爲臣綱夫爲妻綱又曰敬諸父兄六紀道行諸舅有義族人有序昆弟有親師長有尊朋友有舊何謂綱紀綱者張也紀者理也大者爲綱小者爲紀所以強理上下整齊人道也人皆懷五常之性有親愛之心是以紀綱爲化

若羅綱之有紀綱而萬目張也詩云亹亹我王綱紀四方君臣父子夫婦六人也所以稱三綱何一陰一陽謂之道陽得陰而成陰得陽而序剛柔相配故六人爲三綱三綱法天地人六紀法六合君臣法天取象日月屈信歸功天也父子法地取象五行轉相生也夫婦法人取象六合陰陽有施化端也六紀爲三綱之紀者也師長君臣之紀也以其皆成己也諸父兄弟父子之紀也以其有親恩連

也諸舅朋友夫婦之紀也以其皆有同志為
紀助也君臣者何謂也君群也下之所歸心
臣者繵堅也屬志自堅固春秋傳曰君馭此
臣請歸也父子者何謂也父者矩也以法度
教子子者孳孳無已也故孝經曰父有爭子
則身不陷於不義夫婦者何謂也夫者扶也
以道扶接也婦者服也以禮屈服昏禮曰夫
親脫婦之纓傳曰夫婦判合也朋友者何謂
也朋者黨也友者有也禮記曰同門曰朋同

志曰友朋友之交近則謗其言遠則不相訕一人有善其心好之一人有惡其心痛之貨則通而不計共憂患而相救生不屬死不託故論語曰子路云願車馬衣輕裘與朋友共敝之又曰朋友無所歸生於我乎死於我乎殯朋友之道親存不得行者二不得許友以其身不得專通財之恩友飢則白之於父兄父兄許之乃稱父兄與之不聽即止故曰友飢爲之減飡大寒爲之不重裘故論語曰有

父兄在如之何其聞斯行之也男稱兄弟女稱姊妹何男女異姓故別其稱也何以言之禮親屬記曰男子先生稱兄後生稱弟女子先生爲姊後生爲妹父之昆弟不俱謂之世叔父之女昆弟俱謂之姑何也以爲諸父曰内親也故別稱之也姑當外適人疏故總言之也至姊妹亦當外適人所以別諸姊妹何以爲事諸姑禮等可以外出又同故稱略也至姊妹雖欲有略之姊尊妹卑其禮異也詩

云問我諸姑遂及伯姊謂之舅姑何舅者舊也姑者故也舊故之者老人之稱也謂之姊妹何姊者恣也妹者末也謂之兄弟何兄者况也况父法也弟者悌也心順行篤也稱夫之父母謂之舅姑何尊如父而非父者舅也親如母而非母者姑也故稱夫之父母爲舅姑也

白虎通德論卷第七

白虎通德論卷第八

臣班　固　纂集

情性

情性者何謂也性者陽之施情者陰之化也人稟陰陽氣而生故内懷五性六情情者靜也性者生也此人所稟六氣以生者也故鈎命决曰情生於陰欲以時念也性生於陽以理也陽氣者仁陰氣者貪故情有利欲性有仁也五常者何謂仁義禮智信也仁者不忍

也施生愛人也義者宜也斷決得中也禮者
履也履道成文也智者知也獨見前聞不惑
於事見微者也信者誠也專一不移也故人
生而應八卦之體得五氣以爲常仁義禮智
信是也六情者何謂也喜怒哀樂愛惡謂六
情所以扶成五性性所以五情所以六者何
人本含六律五行氣而生故内有五藏六府
此情性之所由出入也樂動聲儀曰官有六
府人有五藏五藏者何也謂肝心肺腎脾也

肝之爲言干也肺之爲言費也情動得序心
之爲言任也任於恩也腎之爲言寫也以竅
寫也脾之爲言辨也所以積精稟氣也五藏
肝仁肺義心禮腎智脾信也肝所以仁者何
肝木之精也仁者好生東方者陽也萬物始
生故肝象木色青而有枝葉目爲之候何目
能出淚而不能内物木亦能出枝葉不能有
所内也肺所以義者何肺者金之精義者斷
決西方亦金成萬物也故肺象金色白也鼻

爲之候何鼻出入氣高而有竅山亦有金石
累積亦有孔穴出雲布雨以潤天下雨則雲
消鼻能出納氣也心所以爲禮何心火之精
也南方尊陽在上卑陰在下禮有尊卑故心
象火色赤而銳也人有道尊天本在上故心
下銳也耳爲之候何耳能遍內外別音語火
照有似於禮上下分明腎所以智何腎者水
之精智者進而止無所疑惑水亦進而不惑
北方水故腎色黑水陰故腎雙竅爲之候何

竅能瀉水亦能流濡脾所以信何脾者土之
精也土尚任養萬物爲之象生物無所私信
之至也故脾象土色黄也口爲之候何口能
啖嘗舌能知味亦能出音聲吐滋液故元命
苞曰目者肝之使肝者木之精蒼龍之位也
鼻者肺之使肺者金之精制割立斷耳者心
之候心者火之精上爲張星陰者腎之寫腎
者水之精上爲虛危口者脾之門戶脾者土
之精上爲北斗主變化者也或曰口者心之

候耳者腎之候或曰肝繫於目肺繫於鼻心繫於口脾繫於舌腎繫於耳六府者何謂也謂大腸小腸胃膀胱三焦膽也府者爲藏宮府也故禮運記曰六情所以扶成五性也胃者脾之府也脾主稟氣胃者穀之委也故脾稟氣也膀胱者腎之府也腎者主瀉膀胱常能有熱故先決難也三焦者包絡府也水穀之道路氣之所終始也故上焦若竅中焦若編下焦若瀆膽者肝之府也肝者木之精也

主仁仁者不忍故以膽斷也是以肝膽二者必有勇也肝膽異趣何以知相爲府也肝者木之精也木之爲言牧也人怒無不色青目賑張者是其効也小腸大腸心肺府也主禮義禮義者有分理腸之大小相承受也腸爲心肺主心爲皮體主故爲兩府也目爲心視口爲心談耳爲心聽鼻爲心嗅是其支體主也喜在西方怒在東方好在北方惡在南方哀在下樂在上何以西方萬物之成故喜東

方萬物之生故怒北方陽氣始施故好南方陰氣始起故惡上多樂下多哀也魂魄者何謂魂猶伝伝也行不休於外也主於情魄者迫然著人主於性也魂者芸也情以除穢魄者白也性以治内精神者何謂也精者靜也太陰施化之氣也象火之化任生也神者恍惚太陰之氣也間樧云支體萬化之本也

壽命

命者何謂也人之壽也天命已使生者也命

有三科以記驗有壽命以保度有遭命以遇
暴有隨命以應行習壽命者上命也若言文
王受命唯中身享國五十年隨命者隨行爲
命若言怠弃三正天用勦絕其命矣又欲使
民務仁立義闕無滔天滔天則司命舉過言
則用以弊之遭命者逢世殘賊若上逢亂君
下必災變暴至夭絕人命沙鹿崩于受邑是
也冉伯牛危言正行而遭惡疾孔子曰命矣
夫斯人也而有斯疾也夫子過鄭與弟子相

失獨立郭門外或謂子貢曰東門有一人其頭似堯其頸似皐繇其肩似子產然自腰以下不及禹三寸儽儽如喪家之狗子貢以告孔子孔子喟然而笑曰形狀末也如喪家之狗然哉乎然哉乎

宗族

宗者何謂也宗尊也爲先祖主也宗人之所尊也禮曰宗人將有事族人皆待聖者所以必有宗何也所以長和睦也大宗能率小宗

小宗能率群弟通於有無所以紀理族人者也宗其爲始祖後者爲大宗此百世之所宗也宗其爲高祖後者五世而遷者也高祖遷於上宗則易於下宗其爲曾祖後者爲曾祖宗宗其爲祖後者爲祖宗宗其爲父後者爲父宗以上至高祖宗皆爲小宗以其轉遷別於大宗也別子者自爲其子孫爲祖繼別也各自爲宗小宗有四大宗有一凡有五宗人之親所以備矣諸侯奪宗明尊者宜之大夫

不得奪宗何曰諸侯世世傳子孫故奪宗大
夫不傳子孫故不宗也喪服經曰大夫爲宗
子不言諸侯爲宗子也族者何也族者湊也
聚也謂恩愛相流湊也生相親愛死相哀痛
有會聚之道故謂之族尚書曰以親九族族
所以九何九之爲言究也親踈恩愛究竟也
謂父族四母族三妻族二父族四者謂父之
姓一族也父女昆弟適人有子爲二族也身
女昆弟適人有子爲三族也身女子適人有

子爲四族也母族三者母之父母一族也母之昆弟二族也母昆弟子三族也母昆弟者男女皆在外親故合言之妻族二者妻之父爲一族妻之母爲二族妻之親略故父母各一族禮曰惟氏三族之不虞尚書曰以親九族義同也一說合言九族者欲明堯時俱三也禮所以獨父族四何欲言周承二弊之後民人皆厚於末故興禮母族妻之黨廢禮母族父之族足以貶妻族以附父族也或言九

者據有交接之恩也若刑佚之婦罪公惟私也言四者據有服耳不相害所異也

姓名

人所以有姓者何所以崇恩愛厚親親遠禽獸别婚姻也故世别類使生相愛死相哀同姓不得相娶皆爲重人倫也姓生也人所禀天氣所以生者也詩云天生烝民尚書曰平章百姓姓所以有百何以爲古者聖人吹律定姓以記其族人含五常而生聲有五音宮

商角徵羽轉而相雜五五二十五轉生四時
故百而異也氣殊音悉備故殊百也所以有
氏者何所以貴功德賤伎力或氏其官或氏
其事聞其氏即可知其所以勉人爲善也或
氏王父字何所以別諸侯之後爲興滅國繼
絕世也諸侯之子稱公子公子之子稱公孫
公孫之子各以其王父字爲氏故魯有仲孫
季楚有昭屈原齊有高國崔立氏三以知其
爲子孫也王者之後二稱王子兄弟立而皆

封也或曰王孫上稱王孫也堯知命表稷契
賜生子姓皋陶典刑不表姓言天任德遠刑
禹姓姒氏祖以薏生殷姓子氏祖以玄鳥子
也周姓姬氏祖以履大人跡生也人必有名
何所以吐情自紀尊事人者也論語曰名不
正則言不順三月名之何天道一時物有變
人生三月目煦亦能笑與人相更荅故因其
始有知而名之故禮服傳曰子生三月則父
名之於祖廟於祖廟者謂子之親廟也明當

為宗祖主也一説名之於燕燕寢名者幼少卑賤之稱也寡略故於燕燕褻禮内則曰子生君沐浴朝服夫人亦如之立于阼階西南世婦抱子升自西階君命之士適子執其右手庶子撫其首君曰欽有師夫人曰記有成告於四境四境者所以遏絶萌牙禁備未然故曾子問曰世子生三月以名告于祖禰内則記曰以名告于山川社稷四境天子太子使士負子於南郊以桑弧蓬矢六射者何也此男

子之事也故先表其事然後食其祿必桑弧何桑者相逢接之道也保傅曰天子生舉之以禮使士負之者何齋肅端綏之郊見于天韓詩內傳曰太子生以桑弧蓬矢六射上下四方明當有事天地四方也殷以生日名子何殷家質故直以生日名子也以尚書道殷家太甲帝武丁也於臣民亦得以生日名子何亦不止也以尚書道殷臣有巫咸有祖巳也何以知諸侯不象王者以生日名子也以

太王名亶甫王季名歷殷之諸侯也易曰帝
乙謂成湯帝乙謂六代孫也湯生於夏世何
以用甲乙爲名曰湯王後乃更變名子孫法
耳本名履故論語曰予小子履履湯名也不
以子丑何曰甲乙者幹也子丑者枝也幹爲
本本質故以甲乙爲名也名或兼或單何示
非一也或聽其聲以律定其名或依事旁其
形故名或兼或單也依其事者若后稷是也
弃之因名之爲弃也旁其形者孔子首類魯

國尼丘山故名爲丘或旁其名爲之字者聞名即知其字聞字即知其名若名賜字子貢名鯉字伯魚春秋譏二名何所以譏者乃謂其無常者也若乍爲名祿甫元言武庚名不以日月山川爲名者少賤卑巳之稱也臣子當諱爲物示通故避之也曲禮曰二名不偏諱逮事父母則諱王父母不逮父母則不諱王父母也君前不諱詩書不諱臨文不諱郊廟中不諱又曰君前臣名父前子名謂大夫

名卿弟名兄也明不敢諱於尊者前也太古之時所不諱者何尚質也故臣子乎言其君父之名故禮記曰朝日上值不諱正天名也人所以十月而生者何人天子之也經天地之數五故十月而備乃成人也人生所以位何本一幹而分得氣異息故泣重離母之義也尚書曰啓呱呱泣也人拜所以自名者何所以泣號自紀禮拜自後不自名何備陰陽也人所以相拜者何所以表情見意屈節卑

體尊事之者也拜之言服也所以必再拜何
法陰陽也尚書曰再拜稽首也必稽首何敬
之至也頭至地何以言首謂頭也禮曰首有
瘍則沐所以先拜首後稽首何名順其文質
也尚書曰周公拜首稽首人所以有字何冠
德明功敬成人也故禮士冠經曰賓北面字
之曰伯某甫又曰冠而字之敬其名也所以
五十乃稱伯仲者五十知天命思慮定也能
順四時長幼之序故以伯仲號之禮檀弓曰

幼名冠字五十乃稱伯仲論語曰五十而知天命稱號所以有四何法四時用事先後長幼兄弟之象也故以時長幼號曰伯仲叔季也伯者長也伯者子最長迫近父也仲者中也叔者少也季者幼也適長稱伯伯禽是也庶長稱孟以魯大夫孟氏男女異長各自有伯仲法陰陽各自有終始也春秋傳曰伯姬者何內女稱也婦人十五稱伯仲何婦人值少變陰陽道促蚤成十五通乎織紝之事思

慮定故許嫁笄而字故禮經曰女子十五許
嫁笄禮之稱字之婦姓以配字何明不娶同
姓也故春秋曰伯姬歸于宋姬者姓也值字
所以於仲春何值者親故近於仲文子尊尊
故於伯仲之時物尚值叔之時物失之章即
如是周有八士論語曰伯達伯适仲突仲忽
叔夜叔夏季隨季騧積於叔何蓋以兩兩俱
生故也不積於伯季明其無二也文王十子
詩傳曰伯邑考武王發周公旦管叔鮮蔡叔

鐸成叔處霍叔武康叔封南季載載所以或
上其叔何也管蔡霍成康南皆采也故上置
叔上伯邑叔季也以獨無爭盖以爲大夫者
不是采地也

天地

天者何也天之爲言鎮也居高理下爲人鎮
也地者易也言養萬物懷任交易變化也始
起之天始起先有太初後有太始形兆旣成
名曰太素混沌相連視之不見聽之不聞然

後剖判清濁既分精出曜布度物施生精者
爲三光號者爲五行行生情情生汁中汁中
生神明神明生道德道德生文章故乾鑿度
曰太初者氣之始也太始者形兆之始也太
素者質之始也陽唱陰和男行女隨也天道
所以左旋地道右周何以爲天地動而不別
行而不離所以左旋右周者猶君臣陰陽相
對之義男女揔名爲人天地所以無揔名何
曰天圓地方不相類故無總名也君爵臣疾

卑者宜勞天所以反常行何以爲陽不動無
以行其教陰不静無以成其化雖終日乾乾
亦不離其處也故易曰終日乾乾反覆道也

日月

天左旋日月五星右行何日月五星比天爲
陰故右行右行者猶臣對君也含文嘉曰計
日月右行也刑德放日月東行而日行遲月
行疾何君舒臣勞也日日行一度月日行十
三度十九分度之七感精符曰三綱之義日

為君月為臣也日月所以懸晝夜者何助天行化照明下地故易曰懸象著明莫大乎日月日之爲言實也常滿有節月之爲言闕也有滿有闕也所以有缺何歸功於日也八日成光二八十六日轉而歸功晦至朔旦受符復行故援神契曰月三日成魄也所以名之爲星何星者精也據日節言也一日一夜適行一度一日夜爲一日剩復分天爲三十六度周天三百六十五度四分度之一日月徑

千里也所以必有晝夜何備陰陽也日照晝
月照夜日所以有長短何陰陽更相用事也
故夏節晝長冬節夜長夏日宿在東井出寅
入戌冬日宿在牽牛出辰入申月大小何天
道左旋日月東行日日行一度月日行十三
度月及日爲一月至二十九日未及七度即
三十日者過行七度日不可分故月乍大小
明有陰陽故春秋曰九月庚戌朔日有食之
十月庚辰朔日有食之此三十日也又曰七

月甲子朔日有食之八月癸巳朔日有食之此二十九日也月有閏餘何周天三百六十五日度四分度之一歲十二月日過十二度故三年一閏五年再閏明陰不足陽有餘也故讖曰閏者陽之餘

四時

所以名爲歲何歲者遂也三百六十六日一周天萬物畢死故爲一歲也尚書曰朞三百有六旬有六日以閏月定四時成歲春夏秋

冬時者期也陰陽消息之期也四時天異名
何天尊各據其盛者爲名也春秋物變盛冬
夏氣變盛春曰蒼天夏曰昊天秋曰旻天冬
爲上天爾雅曰一說春爲蒼天等是也四時
不隨正朔變何以爲四時據物爲名春當生
冬當終皆以正爲時也或言歲或言載或言
年何言歲者以紀氣物帝王共之據曰爲歲
春秋曰元年正月十有二月朔有朔有晦知
據月斷爲言年載之言成也載成萬物終始

言之也二帝爲載三王言年皆謂闕闕故尚書曰三載四海遏密八音謂二帝也又曰諒陰三年謂三王也春秋傳曰三年之喪其實二十五月知闕闕曰言夜月言晦月言朔日言朝何朔之言蘇也明消更生故言朔日晝見夜藏有朝夕故言朝也

衣裳

聖人所以制衣服何以爲絺綌蔽形表德勸善別尊卑也所以名爲裳何衣者隱也裳者

鄣也所以隱形自鄣閉也易曰黄帝堯舜垂
衣裳而天下治何以知上爲衣下爲裳以其
先言衣也詩曰褰裳涉溱所以合爲衣也弟
子職言摳衣而降也名爲衣何上兼下也獨
以羔裘何取輕煖因狐死首丘明君子不忘
本也羔者取跪乳遜順也故天子狐白諸侯
狐黄大夫蒼士羔裘亦因别尊卑也所以必
有紳帶示謹敬自約整續繒爲結於前下垂
三分身半紳居二焉必有鞶帶者示有事也

所以必有佩者論語曰去喪無所不佩天子佩白玉諸侯佩山玄玉大夫佩水蒼玉士佩瓀珉石佩即象其事若農夫佩其耒耜工匠佩其斧斤婦人佩其鍼鏤何以知婦人亦佩玉詩云將翺將翔佩玉將將彼美孟姜德音不忘

五刑

聖人治天下必有刑罰何所以佐德助治順天之度也故懸爵賞者示有勸也設刑罰者

明有所懼也刑所以五何法五行也科條三千者應天地人情也五刑之屬三千大辟之屬二百宮辟之屬三百臏辟之屬五百劓墨辟之屬各千張布羅衆非五刑不見劓墨何其下刑者也臏者其臏宮者女子淫執置宮中不得出也丈夫淫割去其勢也大辟者謂死也刑不上大夫何尊大夫禮不下庶人欲勉民使至於士故禮爲有知制刑爲無知設也庶人雖有千金衣弊不得服刑不上大夫

者據禮無大夫刑或曰撻笞之刑也禮不及
庶人者謂酬酢之禮也

五經

孔子所以定五經者何以爲孔子居周之末
世王道凌遲禮義廢壞强陵弱衆暴寡天子
不敢誅方伯不敢伐閔道德之不行故周流
應聘冀行其聖德自衛反魯自知不用故追
定五經以行其道故孔子曰書曰孝乎惟孝
友于兄弟拖於有政是以爲政也孔子未定

五經如何周衰道失綱散紀亂五教廢壞故
五常之經咸失其所象易失理則陰陽萬物
失其性而乖設法謗之言並作書三千篇作
詩三百篇而歌謠怨誹也已作春秋後作孝
經何欲專制正於孝經何夫孝者自天子下
至庶人上下通孝經者夫制作禮樂仁之本
聖人道德已備弟子所以復記論語何見夫
子遭事異變出之號令失法文王所以演易
何文王受王不率仁義之道失爲人法矣已

之調和陰陽尚微故演易使我得卒至于太平日月之光明則如易矣伏羲作八卦何伏羲始王天下未有前聖法度故仰則觀象於天俯則察法於地觀鳥獸之文與地之宜近取諸物於是始作八卦以通神明之德以象萬物之情也經所以有五何經常也有五常之道故曰五經樂仁書義禮禮易智詩信也人情有五性懷五常不能自成是以聖人象天五常之道而明之以教人成其德也五經

何謂謂易尚書詩禮春秋也禮解曰溫柔寬
厚詩教也踈通知遠書教也廣博易良樂教
也絜淨精微易教也恭儉莊敬禮教也屬辭
比事春秋教也春秋何常也則黄帝已來何
以言之易曰上古結繩以治後世聖人易之
以書契百官以理萬民以察後世聖人者謂
五常也傳曰三王百世計神元書五帝之受
録圖世史記從政録帝魁已來除禮樂之書
三千二百四十篇也

白虎通德論卷第八

白虎通德論卷第九

臣班　固　纂集

嫁娶

人道所以有嫁娶何以爲情性之大莫若男女男女之交人情之始莫若夫婦易曰天地氤氳萬物化淳男女稱精萬物化生人承天地施陰陽故設嫁娶之禮者重人倫廣繼嗣也禮保傅記曰謹爲子嫁娶必擇世有仁義者禮男娶女嫁何陰卑不得自專就陽而成

之故傳曰陽倡陰和男行女隨男不自專娶
女不自專嫁必由父母須媒妁何遠恥防淫
泆也詩云娶妻如之何必告父母又曰娶妻
如之何匪媒不得男三十而娶女二十而嫁
陽數奇陰數偶男長女幼者陽舒陰促男三
十筋骨堅強任爲人父女二十肌膚充盛任
爲人毋合爲五十應大衍之數生萬物也故
禮内則曰男五十壯有室女二十壯而嫁七
歲之陽也八歲陰也七八十五陰陽之數備

有相偶之志故禮記曰女子十五許嫁笄而
字禮之稱字陰繫於陽所以專一之節也陽
尊無所繫二十五繫者就陰節也陽舒而陰
促三十數三終奇陽節也二十數再終偶陰
節也陽小成於陰大成於陽故二十而冠三
十而娶陰小成於陽大成於陰故十五而笄
二十而嫁也一說春秋穀梁傳曰男二十五
繫女十五許嫁感陰陽也陽數七陰數八男
八歲毀齒女七歲毀齒陽數奇三三八二十

四加一爲五五而繫心也陰數偶再成十四四加一爲五故十五許嫁也各加一者明專一繫心所以繫心者何防其淫佚也禮曰女子十五許嫁納采問名納吉請期親迎以鴈贄納徵曰玄纁故不用鴈贄用鴈者取其隨時南北不失其節明不奪女子之時也又取飛成行止成列也明嫁娶之禮長幼有序不相踰越也又婚禮贄不用死雉故用鴈也納徵玄纁束帛離皮玄三法天纁二法地也陽竒

陰偶明陽道之大也離皮者兩皮也以爲庭
實庭實偶也禮昏經曰納采問名納吉請期
親迎皆用鴈納徵束帛離皮納徵辭曰吾子
有加命貺室某也有先人之禮離皮束帛使
某請納徵上某者聲名也下次某者使人名
也女之父曰吾子順先典貺某重禮某不敢
辭敢不承命納采辭曰吾子有惠貺室某
某有先人之禮使某也請納采對曰某之子
惷愚又不能教吾子命之某不敢辭天子下

至士必親迎授綏者何以陽下陰也欲得其歡心示親之心也夫親迎輪三周下車曲顧者防淫泆也詩云文定厥祥親迎于渭造舟爲梁不顯其光禮昏經曰賓升北面奠鴈再拜拜手稽首降出婦從房中也從降自西階揖御婦車授綏遣女於禰廟者重先人之遺支體也不敢自專故告禰也父母親男女何親親之至也父曰誡之敬之夙夜無違命女必有端繡衣若笄之母施襟結帨曰勉之敬

之夙夜無違宮事父誡於阼階母誡於西階
庶母及門内施鞶紳以母之命命曰敬恭
聽爾父母之言夙夜無愆視衿鞶祭去不辭誡
不諾者蓋恥之重去也禮曰嫁女之家不絕
火三日相思離也娶婦之家三日不舉樂思
嗣親也感親年衰老代至也禮曰婚禮不賀
人之序也授綏姆辭曰未教未乞與爲禮也
始親迎於辭曰吾子命某以茲初昏使某將
請承命主人曰某故敬具以酒父命醮子遣

之迎命曰往迎爾相承我宗事率以敬先妣之嗣若則有常子曰諾唯恐不堪不敢忘命娶妻不先告廟到者亦不必安也婚禮請期不敢必也婦人三月然後祭行舅姑既沒亦婦入三月奠采于廟三月一時物有成者人之善惡可得知也然後可得事宗廟之禮曾子曰女未　見而死歸葬于女氏之黨亦未成婦也嫁娶必以春者春天地交通萬物始生陰陽交接之時也詩云士如歸妻迨冰未

泮周官曰仲春之月合會男女令男三十娶
女二十嫁夏小正曰二月冠子娶婦之時夫
有惡行妻不得去者地無去天之義也夫雖
有惡不得去也故禮郊特牲曰一與之齊終
身不改悖逆人倫殺妻父母廢絕綱亂之大
者義絕乃得去也天子諸侯一娶九女何重
國廣繼嗣也適也者何法地有九州承天之
施無所不生也娶九女亦足以成君施也九
而無子百亦無益也王度記曰天子一娶九

女春秋公羊傳曰諸侯娶一國則二國往媵
之以姪娣從之姪者何兄之子也娣者何女
弟也或曰天子娶十二女法天有十二月萬
物必生也必一娶何防淫泆也爲其棄德嗜
色故一娶而已人君無再娶之義也備姪娣
從者爲其必不相嫉妬也一人有子三人共
之若已生之不娶兩娣何博異氣也娶三國
女何廣異類也恐一國血脉相似俱無子也
姪娣年雖少猶從適人者明人者明人君無

再娶之義也還待年於父母之國未任答君子也詩云姪娣從之祁祁如雲韓侯顧之爛其盈門公羊傳曰叔姬歸于紀明待年也二國來媵誰爲尊者大國爲尊國等以德德同以色質家法天尊左文家法地尊右所以不聘妾何人有子孫欲尊之義義不可求人以爲賤也春秋傳曰二國來媵可求人爲士不可求人爲妾何士即尊之漸賢不止於士妾雖賢不得爲適娶妻卜之何卜女之德知相

宜否昏禮經曰將加諸卜敢問女爲誰氏也人君及宗子父母自定娶者卑不主尊賤不主貴故自定之也昏禮經曰親皆沒已聘命之詩云文定厥祥親迎于渭大夫功成封得備八妾者重國廣繼嗣也不更聘大國者不忘本適也故禮曰納女於諸侯曰備掃灑天子諸侯之世子皆以諸侯禮娶與君同示無再娶之義也王者之娶必先選于大國之女禮儀備所見多詩云大邦有子俔天之妹文

定厥祥親迎于渭明王者必娶大國也春秋
曰紀侯來朝紀子以嫁女於天子故增爵稱
侯至數十年之間紀侯無他功但以子爲天
王后故爵稱侯知雖小國者必封以大國明
其尊所不臣也王者娶及庶人者何開天下
之賢示不遺善也故春秋曰紀侯來朝交加
爲侯明封之也先封之明不與聖人交禮也
女行虧缺而去其國如之何以封爲諸侯比
例矣諸侯所以不得自趣國中何諸侯不得

專封義不可臣其父母春秋傳曰宋三代無大夫惡其内娶也不娶同姓者重人倫防淫泆恥與禽獸同也論語曰君娶於吳爲同姓謂之吳孟子曲禮曰買妾不知姓則卜之然屬小功已上亦不得娶也以春秋傳曰譏娶母黨也王者嫁女必使同姓諸侯主之何婚禮貴和不可相答爲傷君臣之義亦欲使女不以天子尊乘諸侯也春秋傳曰天子嫁女于諸侯必使諸侯同姓者主之諸侯嫁女于

大夫使大夫同姓者主之以其同宗共祖可
以主親也故使攝父事不使同姓卿主之何
尊加諸侯爲威厭不得舒也不使同姓諸侯
就京師主之何諸侯親迎入京師當朝天子
爲禮不兼春秋傳曰築王姬觀于外明不往
京師也所以必更築觀者何尊之也不於路
寢路寢本所以行政處非婦人之居也小寢
則嫌群公之舍則已卑矣故必改築於城郭
之内傳曰築之禮也于外非禮也卿大夫妻

二妾者何尊賢重繼嗣也不備姪娣何比面
之臣賤不足盡執人骨肉之親禮服經曰貴
臣貴妾明有卑賤妾也士一妻何下卿大夫
禮喪服小記曰士妾有子則爲之緦娉嫡夫
徃而死媵當徃否乎人君不再娶之義也天
命不可保故一娶九女以春秋伯姬卒時娣
季姬更嫁鄫春秋譏之適夫人死後更立夫
人者不敢以卑賤承宗廟自立其娣者尊大
國也春秋傳曰叔姬歸于紀叔姬者伯姬之

娣也伯姬卒叔姬升于嫡經不譏也或曰嫡
死不復更立明嫡無二防篡煞也祭宗廟攝
而已以禮不聘爲妾明不升曾子問曰昏禮
既納幣有吉日女之父母死何如孔子曰壻
使人吊之如壻之父母死女亦使人吊之父
喪稱父母喪稱母父母不在則稱伯父世尊
壻已葬壻之伯父叔父使人致命女氏曰某
子有父母之喪不得嗣爲兄弟使毋致命女
氏許諾不敢嫁禮也壻免喪女父使人請壻

不娶而後嫁之禮也女之父母死壻亦如之婦人所以有師何學事人之道也詩云言告師氏言告言歸禮昏經曰告于公宮三月婦人學一時足以成矣與君無親者各教於宗廟婦之室國君取大夫之妾士之妻老無子者而明於婦道又祿之使教宗室五屬之女大夫士皆有宗族自於宗子之室學事人也女必有傅姆何尊之也春秋傳曰傅至矣姆未至婦人學事舅姑不學事必父母者示婦

與夫一體也禮内則曰妾事夫人如事舅姑
尊嫡絶妬嫉之原禮服傳曰妾事女君與事
舅姑同也婦事夫有四禮焉雞初鳴咸盥漱
櫛縰笄總而朝君臣之道也惻隱之恩父子
之道也會計有無兄弟之道也閨閫之内衽
席之上朋友之道也聞見異辭故設此也有
五不娶亂家之子不娶逆家之子世有刑人
惡疾喪婦長子此不娶也出婦之義必送之
接以賓客之禮君子絶愈于小人之交詩云

薄送我幾天子妃謂之后何后君也天下尊
之故謂之后明海內小人之君子也天下尊
之故繫王言之春秋傳曰迎王后于紀國君
之妻稱之曰夫人何明當扶進夫人謂八妾
也國人尊之故稱君夫人也自稱小童者謙
也言己智能寡少如童蒙也論語曰國君之
妻稱之曰夫人夫人自稱曰小童國人稱之
曰君夫人稱諸異邦曰寡小君謂聘問兄弟
之國及臣他國稱之謙之辭也妻者何謂妻

者齊也與夫齊體自天子下至庶人其義一
也妾者接也以時接見也嫁娶者何謂也嫁
者家也婦人外成以出適人爲嫁娶者取也
男女謂男者任也任功業也女者如也從如
人也在家從父母既嫁從夫夫沒從子也傳
曰婦人有三從之義也夫婦者何謂也夫者
扶也扶以人道者也婦者服也服於家事事
人者也配疋者何謂相與偶也婚姻者何謂
也昏時行禮故謂之婚也婦人因夫而成故

曰姻詩云不惟舊因謂夫也又曰燕爾新婚
謂婦也所以昏時行禮何示陽下陰也婚亦
陰陽交時也男子六十閉房何所以輔衰也
故重性命也又曰父子不同椸爲亂長幼之
序也禮内則曰妾雖老未滿五十必預五日
之御滿五十不御俱爲助衰也至七十大衰
食非肉不飽寢非人不暖故七十復開房也

白虎通德論卷第九

白虎通德論卷第十

臣班　固　纂集

紼冕

紼者何謂也紼者蔽也行以蔽前紼蔽者小
有事因以別尊卑彰有德也天子朱紼諸侯
赤紼詩云朱紼斯皇室家君王又赤紼金舄
會同有繹又云赤紼在股皆謂諸侯也書曰
黼黻衣黄朱紼亦謂諸侯也並見衣服之制
故遠別之謂黄朱亦赤矣大夫㤂衡別於君

矣天子大夫赤紱蔥衡士韎韐朱赤者或盛色也是以聖人塗法之用爲紼服爲百王不易也紼以韋爲之者反古不忘本也上廣一尺下廣二尺天一地二也長三尺法天地人也所以有冠者帣也所以帣持其髮也人懷五常莫不貴德示成禮有修飾首別成人也士冠經曰冠而字之敬其名也論語曰冠者五六人童子六七人禮所以十九見正者而冠何漸三十之人耳男子陽也成於陰故二

十而冠曲禮曰二十弱冠言見正何以知不
謂正月也以禮士冠經曰夏葛屨冬皮屨明
非歲之正月也皮弁者何謂也所以法古至
質冠名也弁之言樊也所以樊持其髮也上
古之時質先加服皮以鹿皮者取其文章也
禮曰三王共皮弁素積裳也腰中辟積至質
不易之服反古不忘本也戰伐田獵此皆服
之麻冕者何周宗廟之冠也禮曰周冕而祭
又曰殷冔夏收而祭此三代宗廟之冠也十

一月之時陽氣冕仰黃泉之下萬物被施前
冕而後仰故謂之冕謂之詡者十二月之時
施氣受化詡張而後得牙故謂之詡謂之收
者十三月之時氣收本舉生萬物而達出之
故謂之收冕仰不同故前後乖也詡張故萌
大時物亦牙萌大也收而達故前俛大者在
後時物亦前俛也繞所以用麻爲之者女功
之始亦不忘本也即不忘本不用皮皮乃太
古未有禮文之服故論語曰麻冕禮也尚書

王麻冕冕所以前後邃延者何示進賢退不
能也垂旒者示不現邪纊塞耳示不聽讒也
故水清無魚人察無徒明不尚極知下故禮
王藻曰十有二旒前後邃延禮器曰天子麻
冕朱綠藻垂十有二旒者法四時十二月也
諸侯九旒大夫七旒士爵弁無旒委皃者何
謂也周朝廷理政事行道德之冠名士冠經
曰委皃周道章甫殷道毋追夏后氏之道所
以謂之委皃何周統十一月爲正萬物萌小

故爲冠飾最小故曰委貌委貌者委曲有貌
也殷統十二月爲正其飾微大故曰章甫章
甫者尚未與極其本相當也夏者統十三月
爲正其飾最大故曰毋追毋追者言其追大
也爵弁者周人宗廟之冠也禮郊特牲曰周
弁士冠經曰周弁殷哻夏收爵何以知指謂
其色又乍言爵弁乍但言弁周之冠色所以
爵何爲周尚赤所以不純赤但如爵頭何以
本制冠者法天天色玄者不失其質故周加

赤殺加白夏之冠色純玄何以知殺加白也周加赤知諏加白也夏殺士冠不異何古質也以士冠禮知之

喪服

諸侯爲天子斬衰三年何普天之下莫非王土率土之賓莫非王臣臣之於君猶子之於父明至尊臣子之義也喪服經曰諸侯爲天子斬衰三年天子爲諸侯絶其何示同愛百姓明不獨親也故禮中庸曰朞之喪達乎諸

侯三年之喪達乎天子卿大夫降緦重公正
也禮庶人國君服齊衰三月王者崩京師之
民喪三月何民賤故思淺故三月而已天子
七月而葬諸侯五月而葬者則民始哭素服
先葬三月成齊衰朞月以成禮葬君也禮不
下庶人所以爲民制何禮不下庶人者尊卑
制度也服者恩從內發故爲之制也王者崩
臣下服之有先後何恩有深淺遠近故制有
日月檀弓記曰天子崩三日祝先服五日官

長服七日國中男女服三月天下服三年之喪何二十五月以爲古民質痛於死者不封不樹喪期無數亡之則除後代聖人因天地萬物有終始而爲之制以朞斷之父至尊母至親故爲於隆以盡孝子恩恩愛至深加之則倍故再朞二十五月也禮有取於三故謂之三年緣其漸三年之氣也故春秋傳曰三年之喪其實二十五月也三年之喪不以閏月數何以其言朞也朞者復其時也大功巳

下月數故以閏月除禮士虞經曰言朞而小祥又朞而大祥喪禮必制衰麻何以副意也服以飾情情貌相配中外相應故吉凶不同服歌哭不同聲所以表中誠也布衰裳麻經蕭笄繩纓苴杖爲略反本經者亦示也故揔而載之示有喪也腰經者以代紳帶也所以結之何思慕腸若結也必再結之何明思慕無已所以必杖者孝子失親悲哀哭泣三日不食身體羸病故杖以扶身明不以死傷生

也禮童子婦人不杖者以其不能病也禮曰斬衰三日不食齊衰二日不食大功一日不食小功緦麻一日不食再不食可也以竹何取其名也竹者蹙也桐者痛也父以竹母以桐何竹者陽也桐者陰也竹何以爲陽竹斷而用之質故爲陽桐削而用之加人功文故爲陰也故禮曰苴杖竹也削杖桐也所以必居倚廬何孝子哀不欲聞人之聲又不欲居故處居中門之外倚木爲廬質反古也不在

門外何戒不虞故也故禮大傳曰父母之葬
居倚廬於中門外東墻下户北面練而居堊
室無餘之室又曰婦人不居倚廬又曰天子
七日又曰公諸侯五日卿大夫三日而服成
居外門内赤壁下為廬寢苫塊哭晝無夜時
不脫絰帶既虞寢有席蔬食飲水朝一哭夕
一哭而已既練舍外寢居堊室始食菜果及
素食哭無時二十五月而大祥飲醴酒食乾
肉二十七月而禫通祭宗廟去喪之殺也喪

禮不言者何思慕盡情也言不文者指謂士民
不言而事成者國君卿大夫杖而謝賓財少恃
力面垢作身不言而事具者故號哭盡情喪有
病得飲酒食肉何所以輔人生已重先祖遺支
體也故曲禮曰居喪之禮頭有瘡則沐身有瘍
則浴有疾則飲酒食肉五十不致毀七十唯衰麻
在身飲酒食肉又曰父母有疾食肉不至變味
飲酒不至變皃笑不至矧怒不至詈琴瑟不御
曾子問曰三年之喪練不羣立不旅行禮以飾

情三年之喪而吊哭不亦虛乎禮檀弓曰曾子有
母之喪弔子張子張者朋友有服雖重服吊之
可也曾子問曰小功可以與祭乎孔子曰斬衰
巳下與祭禮也此謂君喪然世子夏問三年之
喪既卒哭金革之事無避者禮與孔子曰吾聞
諸老聃曰魯公伯禽則有爲之也今以三年之喪
從其利者吾不知也婦人不出境吊者婦人無
外事防淫佚也禮雜記曰婦人越彊而吊非禮
也而有三年喪君與夫人俱往禮妻爲父母服

夫亦當服有不吊三何爲人臣子常懷恐懼深思遠慮志在全身今乃畏厭溺死用爲不義故不吊也檀弓曰不吊三畏厭溺也畏者兵死也禮曾子記曰大辱加於身皮體毀傷即君不臣士不交祭不得爲昭穆之尸食不得昭穆之牲死不得葬穆之域也弟子爲師服者弟子有臣君父子朋友之道也故生則尊敬而親之死則哀痛之恩深義重故爲之隆服入則經出則否檀弓曰昔夫子之喪顔

回若喪子而無服喪子路亦然請喪天子者
喪父而無服也曾子問曰君薨既殯而臣有
父母之喪則如之何孔子曰歸居于家有殷
事則之君所朝夕否曰君既斂而臣有父母
之喪則如之何孔子曰歸殯哭而反于君殷
事則歸朝夕否大夫室老行事士則子孫行
事夫内子有殷事則亦如之君所朝夕否諸
侯有親喪聞天子崩奔喪者何屈已親親猶
尊尊之義也春秋傳曰天子記崩不記葬者

必其時葬也諸侯記葬不必有時諸侯爲有
天子喪奔〻〻待必以其時葬也大夫使受命
而出聞父母之喪非君命不反者盖重君也
故春秋傳曰大夫以君命出聞喪徐行不反
諸侯朝而有私喪得還何凶服不入公門君
不呼之義也凶服不敢入公門者明尊朝廷
吉凶不相干故周官曰凶服不入公門曲禮
曰居喪不言樂祭事不言凶公庭不言婦女
論語曰子於是日哭則不歌臣下有大喪不

呼其門者使得終其孝道成其大禮春秋傳曰古者臣有大喪君三年不呼其門聞哀哭而後行何盡哀舒憤然後行望國境則哭過市朝則否君子自抑小人勉以及禮見星則止日行百里惻怛之心但欲見尸柩汲汲故禮奔喪以哭荅使者盡哀問故遂行曾子曰師三十里者行五十里奔喪百里旣除喪乃歸哭於墓何明死者不可見痛傷之至也謂喪不得追服者也哭於墓而已故禮奔喪記

曰之墓西向哭止此謂遂出歸後葬喪服以
禮除曾子與客立於門其徒趨而出曾子曰
爾將何之曰吾父死將出哭於巷曾子曰反
哭於爾次曾子北面而吊焉檀弓記曰孔子
曰吾惡乎哭諸兄弟吾哭諸廟門之外師吾
哭諸寢朋友吾哭諸寢門外所知吾哭諸野
養從生葬從死周公以王禮葬何以爲周公
踐祚理政與天同志展與周道顯天度數萬
物咸得休氣充塞原天之意予愛周公與文

武無異故以王禮葬使得郊祭尚書曰今天
動威以彰周公之德下言禮亦宜之

崩薨

書曰成王崩天子稱崩何別尊卑異生死也
天子曰崩大尊像崩之爲言崩伏強天下撫
擊失神明黎庶殞涕海內悲凉諸侯曰薨國
失陽薨之言奄也奄然亡也大夫曰卒精燿
終卒卒之爲言終於國也士曰不祿失其忠
節不終終君之祿祿之言消也身消名彰庶

人曰死魂去亡死之爲言澌精氣窮也崩薨
紀於國何以爲有尊甲之禮謚號之制即有
矣禮始於黃帝至堯舜而備易言復者據遂
也書殂落死者矣各自見義堯皆憯痛之舜
見終各一也喪者何謂也喪者亡人死謂之
喪言其亡不可復得見也不直言喪何爲孝
子心不忍言尚書曰武王既喪喪終曰死爲
適室知據死者稱喪也生者喪痛之亦稱喪
禮曰喪服斬衰易曰不封不樹喪期無數孝

經曰孝子之喪親也是施生者也天子下至
庶人俱言喪何欲言身體髮膚俱受之父母
其痛一也天子崩訃告諸侯何緣臣子喪君
哀痛憤懣無能不告語人者也諸侯欲聞之
又當持土地所出以供喪事故禮曰天子崩
遣使者訃諸侯王者崩諸侯悉奔喪何臣子
悲哀慟怛莫不欲觀君父之棺柩盡悲哀者
也又爲天子守蕃不可頓空也故分爲三部
有始死先奔者有得中來盡其哀者有得會

喪奔送君者七月之間諸侯有在京師親供臣子之事者也號泣悲哀奔走道路者有居其國哭痛思慕竭盡所供以助喪事者是四海之內咸悲臣下若喪考妣之義也葬有會者親疎遠近盡至親親之義也童諸侯不朝而來奔喪者何明臣子於其君父非有老少也亦因喪質無般旋之禮但盡悲哀而已臣死亦赴告於君何此君哀痛於臣子也欲聞之加賻賵之禮故春秋曰蔡侯考父卒傳曰

卒赴而葬禮也諸侯薨赴告隣國何緣隣國欲有禮也春秋傳曰桓毋喪告於諸侯桓毋賤尚告於諸侯諸侯薨告隣國明矣諸侯夫人薨告天子者不敢自廢政事天子亦欲知之當有禮也春秋曰天子使宰喧來歸惠公仲子之賵譏不及事仲子者魯君之貴妾也何況於夫人乎諸侯薨使臣歸瑞珪於天子何諸侯以瑞珪爲信今死矣嗣子諒闇三年之後當乃更受命故歸之推讓之義也禮曰

諸侯薨使臣歸瑞珪於天子天子聞諸侯薨
哭之何慘怛發中哀痛之至也使大夫弔之
追遠重終之義也故禮檀弓曰天子哭諸侯
爵弁純衣又曰遣大夫弔詞曰皇天降災子
遭離之難嗚呼哀哉大王使臣某弔臣子死
君往弔之何親與之共治民恩深義重厚欲
躬見之故禮雜記曰君弔臣主人待于門外
見馬首不哭君至主人先入君升自阼階西
面哭主人居中庭從哭或曰大夫疾君問之

如士疾二問之而大夫卒比葬不食肉
卒哭不舉樂士比殯不舉樂玄冠不以吊者
不以吉服臨人凶示助哀也論語曰羔裘玄
冠不以吊崩薨三日乃小斂何奪孝子之恩
以漸也一日之時屬纊於口上以俟絶氣二
日之時尚冀其生三日之時魂氣不還終不
可奈何故禮士喪經曰御者四人皆坐持禮
屬纊以俟絶氣禮曰天子諸侯三日小斂大
夫士二日小斂屬纊於口者孝子欲生其親

也人死必沐浴於中霤何示潔淨反本也禮
檀弓曰死於牖下沐浴於中霤飯唅於牖下
小斂於戶內大斂於阼階殯於客位祖於庭
葬於墓所以即遠奪孝子之恩以漸也所以
有飯唅何緣生食今死不欲虛其口故唅用
珠寶物何也有益死者形體故天子飯以玉
諸侯以珠大夫以米士以貝也贈何謂也
贈之爲言稱也玩好曰贈襚之爲言遺也衣
被曰襚知死者則贈襚所以助生送死追思

恩重終副至意也贈賵者何謂也賵者助也
所以相佐給不足也故吊辭曰知生則賻貨
財曰賻車馬曰賵天子七日而殯諸侯五日
而殯事有小大所供者不等故王制曰天子
七日而殯詩云五日而殯卿大夫三日而殯
夏后氏殯於阼階殷人殯於兩楹之間周人
殯於西階之上何夏后氏教以忠忠者厚也
曰生吾親也死亦吾親也主人宜在阼殷人
教以敬曰死者將去又不敢容也故置之兩

楹之間周人共夾而敬之周人教以文曰死
者將去不可又得故賓客之也檀弓記曰夏
后氏殯於阼階殷人殯於兩楹之間周人殯
於西階稽命徵曰天子舟車殯何爲避水火
災也故棺在車　車在舟中臣子更執紼晝
夜常百二十人紼者所以掌持棺也故禮
曰天子舟車殯諸侯車殯大夫倚塗士瘞尊
卑之差也祖於庭何盡孝子之恩也祖者始
也　始載於庭也乘軸車辭祖禰

七禮曰祔於庭葬於墓又曰適
所以有棺槨何所以掩藏形惡也不欲令孝
子見其毀壞也棺之爲言之見所以藏尸令
皃全也槨之爲言廓所以開廓辟土無令迫
棺也禮王制曰天子棺槨九重衣衾百二十
稱于領大度公侯五重衣衾九十稱士再
重禮曰大夫有大棺三重衣衾五十稱士無
大棺二重衣衾三十稱單袷備爲一稱禮檀
弓曰天子棺四重水兕革棺被之其厚三寸

地椁一梓棺二柏椁以端長六尺有虞、
椁今以木何虞尚質故用瓦夏后氏益文故
易之以堲周謂堲木相周無膠漆之周也殷
人棺椁有膠漆之用周人浸文墻置翣加巧
飾喪葬之禮緣生以事死生時無死亦不敢
造太古之時穴居野處衣皮帶革故死衣之
薪内藏不飾中古之時有宮室衣服故衣
之幣帛藏以棺椁封樹識表體以象生夏殷
之文彌之以墻識至周大文縟
詩云

歹　之尸
求也失氣亡神形體猶陳柩之言究也久
也不復章也曲禮曰在床曰尸在棺曰柩崩
薨別號至墓同何也時臣子藏其君父安厝
之義貴賤同葬之為言下藏之也所以入
地何人時於陰含陽光死始入地歸所與也
子七月而葬諸侯五月而葬何尊卑有差也
天子七月而葬同軌必至諸侯五月而葬
同會必至所以慎終重喪也禮曰冢人奉下

君之葬君居以中昭穆爲左右羣臣從葬以
貴賤序合葬者所以固夫婦之道也故詩
穀則異室死則同穴又禮檀弓曰合葬非古
也自周公已來未之有改也葬於城郭外何
死生別處終始異居易曰葬之中野所以絕
孝子之思慕也傳曰作樂於廟不聞於墓哭
泣於墓不聞於廟所以於北方何就陰也檀
弓曰孔子卒所以受魯君之璜玉葬魯城北

以□　日十
□南北　□也不可不識也　長□□
曰尺春秋含文嘉曰天子墳高三仞樹以松
諸侯半之樹以柏大夫八尺樹以欒士四尺
樹以槐庶人無墳樹以楊柳